KB274574

강하고 담대하라

장병기도서

강하고 담대하라

박기영 · 신현복 지음

도서출판 아침
Christian Home Books

1. 이 책의 기도들은 오늘을 살아가는 젊은이들의 눈높이에서 "~해주시옵소서"나 "~기도하옵나이다" 등의 옛 어투보다는 좀더 현대적인 감각에 맞추어 "~해주십시오"나 "~기도드립니다" 등으로 새롭게 다듬어 보았습니다. 그러나 이것에만 매이지 말고 신앙 전통이나 습관 등 저마다의 상황에 따라 다양하게 창조적으로 고쳐 쓸 수 있어야 할 것입니다.

2. 모든 기도 끝부분에서도 어떤 고정된 틀로 마치지 않고, "아멘"이나 "할렐루야" 등을 여러 가지 형태로 살려 써보았습니다. 그것이 세계교회 기도 유산임을 알고, 획일적인 어투를 창조적으로 바꾸어 갈 수 있었으면 합니다.

이 책을

___________ 님께 드립니다.

마음이 약해질 때,
땅끝에서 주님을 부르십시오.
그대 힘으로 오를 수 없는
저 바위 위로
그대를 인도하여 주실 것입니다.

___________ 드림

"강하고 담대하라. 너는 내가 그들의 조상에게 맹세하여 그들에게 주리라.한 땅을 이 백성에게 차지하게 하리라. 오직 강하고 극히 담대하여 나의 종 모세가 네게 명령한 그 율법을 다 지켜 행하고 우로나 좌로나 치우치지 말라. 그리하면 어디로 가든지 형통하리라."(여호수아 1장 6절~7절).

추천의 말

할렐루야! 평생을 군 선교에 전념해 온 저로서, 그 동안 한국 군 선교의 역사를 돌이켜 볼 때 하나님께서 이루어 주신 일들을 생각하면 놀랍고 기쁘기 한량없습니다.

그런데 이번에 육군종합행정학교에서 상담을 가르치시는 목사님 두 분이 정말 귀한 책을 만들어 내셨습니다. 상황에 따른 다양한 기도문들과 주제별 상담들이 실제적이고 유익한 것들로 채워져 있습니다. 체계적인 구성과 심층적인 내용들이 매우 탁월합니다. 한 영혼 한 영혼을 진심으로 사랑하는 지은이들의 마음이 구석구석에 여실히 드러나기에 읽는 이들의 심금을 울리고도 남습니다.

아무쪼록 이 책이 70만 장병들이 매일매일 신앙을 통하여 성공적인 군 생활을 할 수 있도록 이끄는 장병기도서로서 군선교 현장에 큰 보탬이 될 것으로 믿으며, 후배 목사님들의 이러한 노력을 매우 자랑스럽게 생각합니다.

한국기독교군선교연합회
사무총장 문은식 목사

축하의 글

　기도는 가장 큰 무기입니다. 특별히 군장병들에게는 그 누구의 도움보다도 하나님의 도우심이 가장 큰 힘이 될 것입니다. 현역 군종목사님들께서 이 사실을 아시고 이렇게 아름다운 기도서를 펴내신 데 대하여 참으로 축하를 드립니다. 이는 여간 반가운 소식이 아닐 수 없습니다.

　이 책은 추상적인 발상으로 쓰여진 것이 아닙니다. 군생활 가운데 겪게 되는 어려움에 대하여 어떻게 대처해야 하는지를 장병상담의 차원에서 구체적으로 짚어가면서, 이 기도서를 통하여 답답한 마음을 치유받고 문제를 지혜롭게 해결해 나가도록 엮어져 있습니다.

　그러므로 이 기도서를 통하여 약한 이를 강하게 하시고 두려워하는 이를 담대하게 하시는 살아계신 하나님을 만나십시오. 군생활의 현장 곳곳에서 이 기도서를 품에 안고 날마다 승리하시기를 간절히 기원합니다.

김소엽
(시인 · 한국문학예술총연합회장 · 호서대교수)

앞마당

　군생활을 어떻게 하면 잘할 수 있을까요? 젊은 시절의 소중한 한때를 군대라는 특수한 공동체에서 성공적으로 이겨내려면 무언가 지혜가 필요합니다. 그리고 우리 그리스도인에게는 그 지혜의 핵심이 곧 기도라는 것을 간과해서는 안될 것입니다. 오늘도 많은 젊은이들이 군에 들어와서 기도의 불을 끄지 않고 있습니다. 사실 그 기도하는 소수가 군대 안에서는 가장 헌신적이고 가장 용감하며 가장 적극적인 삶을 영위해 가고 있음이 분명합니다.

　송충이는 솔잎을 먹어야 하듯, 그리스도인은 기도로 하루를 시작하고 기도로 하루를 마감해야 합니다. 기도가 지지부진할 때 어려움이 닥쳐옵니다. 후방에서 기도의 제단을 쌓으시는 부모 형제나 교우들이나 친구들과 하나가 될 수 있는 영적인 삼겹줄도 물론 기도뿐이지요. 군대는 그런 의미에서 기도 훈련을 하며 그 능력을 체험할 수 있는 기회의 장소이기도 합니다. 성공적인 군생활, 기도 외에는 길이 없습니다.

그렇다면 기도란 무엇일까요? 기도는 하나님과 그 백성이 나누는 대화입니다. 성서는 아브라함 · 모세 · 한나 · 드보라 · 이사야 · 마리아 · 안나 · 예수님 · 바울, 그 밖의 많은 이들을 통하여 우리에게 기도를 가르쳐 줍니다. 성서의 위대한 사람들은 기도의 참능력을 보여 주고 있지요. 우리는 하나님을 향한 우리의 사랑을 응답을 통하여, 친교를 통하여, 영성 생활을 통하여 드러냅니다. 우리는 우리의 필요에 대하여 영성적으로, 정신적으로, 감성적으로, 그리고 육체적으로 하나님께 아룁니다. 하나님께서는 우리에게 우리를 향한 하나님의 사랑에 대하여 가르쳐 주십니다.

왜 기도를 드려야 할까요? 사람들은 늘 하나님과 좀더 친밀해지려는 욕구를 느껴 왔습니다. 하나님께서는 이런 특별한 욕구를 채워 주시려 우리에게 기도를 주셨지요. 사람들은 하나님께 영광을 돌리기 위하여, 하나님의 현존하심을 느끼기 위하여, 궁핍할 때 위로를 얻기 위하여, 그리고 하나님의 용서를 경험하기 위하여 기도드립니다. 그리스도께서는 "시험에 들지 않도록 깨어 기도하라."(마태복음 26 : 41)고 말씀하셨지요. 그렇다면 어떻게 기도를 드려야 할까요? 그것은 생각과 느낌과 의지를 통하여, 여러분 자신을 온전히 하나님께 참여시킴으로써 가능하지요.

효과적인 기도에는 몇 가지 조건이 있습니다. 먼저 몸과 마음으로 준비하세요. 하나님께서 함께 하심을 깨달으세요(마태복음 28 : 20). 확신을 가지세요(마태복음 21 : 22). 하나님의 메시지를 받아들이세요. 사랑과 열정을 다 바쳐 하나님께 헌신하세요. 겸손하게 기도하세요. 매일 기도를 통하여 스스로를 훈련하세요. 자기만을 생각하는 기도는 안됩니다. 효과적인 기도를 하는데 방해가 되는 요소들로서는 이기적인 마음, 신앙 부족, 인내하지 못함, 정직하지 못함, 하나님께서 다른 계획을 가지고 계실 수도 있다는 사실을 망각하는 무지, 용서하지 못하는 마음 등이 있지요. 이런 것들을 피하세요.

몇 가지 종류의 기도가 있습니다. 감사의 기도, 고백의 기도,

찬양의 기도, 간구의 기도, 중보의 기도, 인도의 기도 등이지요. 기도는 형식적인 논리보다 자연스러운 대화체로 진행되는 게 바람직하지만, 일반적으로 찬양→감사→고백→간구의 순서를 유지하는 것이 보통입니다. 여러분의 기도 안에 이런 요소들이 포함되고 있습니까? 특히 여러분은 군인의 신분이기에 부대, 지휘관과 동료, 내무 생활, 근무지, 친구와 반대자, 교회, 선교와 봉사, 그리스도를 필요로 하는 사람, 아픈 사람, 나라와 민족, 세계 평화, 시험에 대한 승리, 훈련과 작전과 전투 등에 관한 내용들이 깃들어 있어야 할 것입니다.

완전한 기도는 예수님께서 친히 가르쳐 주신 기도이지요. 그것이 '주기도문'입니다 (마태복음 6 : 9-13).

하늘에 계신 우리 아버지여,
이름이 거룩히 여김을 받으시오며,
나라이 임하옵시며,
뜻이 하늘에서 이룬 것같이,
땅에서도 이루어지이다.
오늘날 우리에게 일용할 양식을 주옵시고,
우리가 우리에게 죄지은 자를 사하여 준 것같이,

우리 죄를 사하여 주옵시고,
우리를 시험에 들게 하지 마옵시고,
다만 악에서 구하옵소서.
대개 나라와 권세와 영광이
아버지께 영원히 있사옵나이다. 아멘.

그리고 그리스도교의 핵심적인 기도에는 공동체의 신앙 고백
인 '사도신조'가 있습니다.

전능하사 천지를 만드신
하나님 아버지를 내가 믿사오며,
그 외아들 우리 주 예수 그리스도를 믿사오니,
이는 성령으로 잉태하사,
동정녀 마리아에게 나시고,
본디오 빌라도에게 고난을 받으사,
십자가에 못 박혀 죽으시고,
장사한 지 사흘 만에
죽은 자 가운데서 다시 살아나시며,
하늘에 오르사,
전능하신 하나님 우편에 앉아 계시다가,

저리로서 산 자와 죽은 자를 심판하러 오시리라.
성령을 믿사오며,
거룩한 공회와,
성도가 서로 교통하는 것과,
죄를 사하여 주시는 것과,
몸이 다시 사는 것과,
영원히 사는 것을 믿사옵나이다. 아멘.

그 밖에도 교회 전통에서는 상황별 기도 본보기가 여러 가지로 전해 내려오고 있지요. 여기에 소개되는 것들이 바로 우리 그리스도교 역사에서 가장 소중하게 전해져 내려오는 기도문들입니다. 그리스도인이라면 반드시 알고 있어야 할 필수적인 기도문들입니다 또 크리스천 젊은이들의 군생활에 가장 큰 무기요 힘이 될 기도들이기도 합니다. 군대라는 울타리 속에서 힘이 들고 견디기 어려울 때, 꼭 잊지 마십시오. 여러분에게는 기도할 수 있는 특권이 주어져 있다는 것을! 하나님께서 바로 곁에 서 계시면서 기도로 대화하기를 애타게 바라신다는 것을! 말할 상대가 없다고, 아무도 내 마음을 몰라 준다고, 세상엔 나 혼자뿐이라고 좌절하지 마십시오. 여러분은 혼자가 아닙니다. 당신이 힘들어할 때 하나님이 당신을 안고 가십니다!

아무쪼록 한국 군대 역사에서 군생활의 위기 극복을 위하여 장병상담차원에서 최초로 펴낸 이 소중한 〈장병 기도서〉를 전후방 각지에서 날마다 애독하며 상황마다 반복해서 읽어 가노라면, 아무리 힘든 군생활의 위기가 닥치더라도 결코 흔들림이 없이, 오히려 놀라운 영적 체험과 성장을 맛보게 될 것입니다. 그리고 신기하게도 금새 전역 날짜가 가까워오는 것을 체험하게 될 것입니다.

결국, 기도는 영적 성장과 하나님의 용서하심과 신앙 형성과 그리스도의 인도하심의 근거입니다. 장병 여러분의 태도와 결단과 신앙을 향상시키십시오. 군생활의 주어진 여건 속에서 오늘부터 당장이라도 장병 여러분의 개인별 기도 프로그램을 시작하세요. 사랑하는 장병 여러분, 여러분도 다 아시겠지만, 결국 기도 외에는 길이 없습니다. 그리고 지금이 바로 기도할 때입니다!

"무엇이든지 기도하고 구하는 것은 받은 줄로 믿어라. 그리하면 너희에게 그대로 되리라." (마가복음 11 : 24).

2000년 새해아침에

지은이

차례

I. 하루 일과 속에서 드리는 기도

Ⅱ. 어려움에 직면했을 때 드리는 기도

Ⅲ. 영적 성장을 위한 기도

I. 하루 일과 속에서 드리는 기도

I. 하루 일과 속에서 드리는 기도

역사적으로 유명한 워털루 전쟁은 1815년 6월 18일에 일어났습니다. 현대를 사는 우리의 시각으로 볼 때, 그 전투는 국가들의 운명을 결정짓는 전쟁이었지요. 그 당시 프랑스군은 나폴레옹 지휘 아래, 그리고 영국과 독일과 네덜란드의 동맹군은 웰링턴 경의 지휘 아래 전투를 하고 있었습니다.

당시의 통신 수단은 오늘과 같이 발달되지 않았습니다. 그래서 영국 군인들은 전투 상황을 수기 신호를 사용하여 통신했는데, 원시적인 이 방법은 신호병들의 잦은 실수로 믿을 만한 것이 못되었습니다.

어느 날, 수기 신호소 가운데 하나인 런던의 윈체스터 대성당 탑에 신호가 날아들었습니다. 그때는 아직 날이 저물진 않았지만,

하루 일과 속에서 드리는 기도

늦은 시간이었지요. 사람들은 눈이 빠지도록 소식을 기다리고 있던 중이었습니다.

"웰 ─ 링 ─ 턴 ─ 장 ─ 군 ─ 이 ─ 적 ─ 들 ─ 에 ─ 게"

여기까지 신호를 받았는데, 갑자기 런던의 그 유명한 안개가 끼기 시작했습니다. 그 날 밤은 더 이상의 신호를 받을 수 없었습니다. 하지만 수기 신호 내용은 웰링턴 장군이 적들에게 패배했다는 소식으로 둔갑해, 온 런던과 인근의 시골에까지 퍼졌습니다. 중요한 전쟁에서 대패했다는 소식에, 그날 밤 영국 전체가 깊은 슬픔에 가득 찼지요.

그 밤이 지나고, 다시 아침이 되었습니다. 어제 다 못 들어온 수기 신호가 다시 들어왔습니다. 그런데 전체 메시지 내용은 두 마디가 아니라 네 마디였습니다.

"웰 ─ 링 ─ 턴 ─ 장 ─ 군 ─ 이 ─ 적 ─ 들 ─ 에 ─ 게 ─ 대 ─ 승 ─ 을 ─ 거 ─ 두 ─ 었 ─ 다!"

몇 분도 채 안 되어, 어제의 슬픔과 패배는 기쁨과 승리로 바뀌었습니다.

강하고 담대하라

입대에서 전역까지 군생활을 하는 동안, 여러분은 고향을 떠나 전방의 하늘 아래에서 수많은 저녁을 보내고 또 아침을 맞이하게 될 것입니다. 처음에는 낯설기도 하고 두렵기도 하겠지만, 두세 달이 지나면 곧 적응이 되어 나중에는 그곳을 떠나기가 아쉬워지는 곳이 다름 아닌 군대입니다.

그런데 우리가 너무나 잊고 살았던 것이 있습니다. 철책에서, 함상에서, 그리고 사이트에서, 떠오르는 아침해와 지는 석양을 바라보며, 여러분은 무엇을 생각하십니까? 우리가 달려온 그 동안의 길이 다 무엇인가? 내가 그려 온 인생의 지도(Life Map)는 지금 어떤 모습인가? 군대에 들어와서 하루하루를 보내다 보면, 새삼 인생의 순간순간이 얼마나 소중한가를 절감하게 될 것입니다. 아직도 늦지 않았습니다. 설혹 군에 들어오기 전까지 많은 시간과 에너지를 엉뚱한 곳에 쏟아부었다 할지라도, 이제는 여러분 자신의 삶을 찾아야 할 것입니다. 그리고 그 삶에 대해서는 이제부터 여러분이 책임을 질 수가 있어야 할 것입니다.

반복되는 일상 속에서도, 고된 훈련과 근무 속에서도, 장병 여러분이 희망과 용기를 발견할 수 있도록 여기에 가장 현실적인 기도문들을 모아 보았습니다. 수많은 장병들의 생생한 체험과 저의 오랜 작업 끝에 나온 기도들이기에, 많은 도움이 될 것이라고 확신합니다. 자, 오늘은 어떤 기도로 시작할까요?

하루 일과 속에서 드리는 기도

오늘도 주님과 함께

시편 5:3　＊찬송 358장

주님, 오늘도 종일 주님과 함께 살게 해주십시오.
오늘도 저에게 주님의 말씀 안에 있는 지혜를 주시고,
주님의 마음 안에 있는 사랑을 주시며,
주님의 손 안에 있는 도움을 주십시오.
오늘도 저에게 사람들을 대할 때 주님의 인내를 주시고,
경멸과 모욕과 상처를 당할 때
괘씸한 생각이나 화를 내지 않도록 주님의 능력을 베푸시며,
늘 용서할 수 있는 힘을 주십시오.
군생활 속에서 오늘 하루를 이렇게 살도록 도와주시어,
제가 주님과 함께 오늘을 시작하고
제가 주님과 함께 동행함을 다른 이들이 알게 해주십시오.
그리하여 비록 희미하게나마,
그들이 저에게서 주님을 볼 수 있도록 해주십시오.
예수 그리스도의 이름으로 기도드립니다. 아멘.

아침 입술

예레미야애가 3:23　＊찬송 261장

　주님, 이 아침에 저의 입술을 열어 주십시오. 그러면 저의 입술이 아침부터 주님을 찬양할 것입니다.

　영원하신 하나님, 그리스도의 십자가 희생을 통하여 베풀어 주신 하나님의 위대한 사랑과, 저희가 그분의 부활로써 얻은 새 생명을 생각하며 찬양을 드립니다.

　특별히 저희가 감사드리는 것은, 저희의 연약함과 고난 속에 그리스도께서 현존하심과, 돌보아 주고 치유해 주는 이들 모두와, 저희의 유익을 위해 치러진 희생들과, 저희가 너그럽게 베풀 수 있도록 기회를 주신 일에 대해서입니다.

　은혜로우신 하나님, 저희가 다른 사람에게 관심을 보일 때, 저희의 기도 속에서뿐만 아니라 저희의 실천 속에서도, 그리스도께서 자신을 내어 주셨던 사랑을 순간순간 드러낼 수 있도록 해주십시오.

　특별히 기도드리는 것은, 군생활에 적응하기 위해 동분서주하는 신병들과, 몸과 마음의 상처로 입실한 이들과, 오늘

근무지에서 함께 해야 할 모든 사람들과, 나의 도움과 나의
용서와 나의 화해를 필요로 하는 이들과, 그 밖에도 이 부대
의 지휘관이신 ○○○님과 온 장병들에 대해서입니다.
　주님, 저희 부대원 모두를 오늘도 주님의 날개 아래 품어
주십시오. 예수 그리스도의 이름으로 기도드립니다. 아멘.

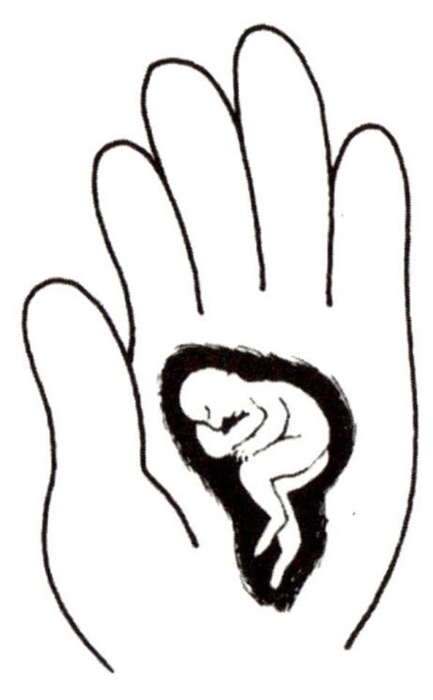

강하고 담대하라

실패가 없는 하루

잠언 3:5-6 ＊찬송 64장

하나님, 오늘이 다하도록 종일 한 가지도 실패하지 않게 해 주십시오. 제가 신세진 사람들에게 감사를 표하지 못하는 일이 없게 하시고, 제 의무와 일을 해주어야 할 사람들에게 부지런히 하지 못하는 일이 없도록 해주십시오. 저에게 유혹이 다가올 때, 감정이 북받쳐오를 때, 제가 자제하는 데 실패하지 않게 해주십시오.

저를 도우시어, 제 도움을 필요로 하는 이들에게 도움을 주지 못하는 일이 없도록 해주시고, 선한 일을 하면서 후원이 필요한 이들에게 모범을 보여 주고 그들을 이끌 수 있도록 해주십시오. 무슨 일이든지 어려움에 빠져 있는 이들에게 친절을 표시할 수 있도록 해주십시오.

오늘도 저를 도우시어, 제 자신에게, 제가 사랑하는 이들에게, 제 동료들과 간부들에게, 그리고 하나님께 제가 맡은 책임을 온전히 다 감당하게 해주십시오. 예수님의 이름으로 기도 드립니다. 아멘.

맨 첫날부터

누가복음 1:78   ＊찬송 66장

복되신 주님,
주님께서는 맨 첫날부터
저희를 먹이셨으며,
살아 있는 모든 피조물에게 음식을 주십니다.
저희 마음을 기쁨과 즐거움으로
가득 채워 주십시오.
저희에게 필요한 것을 주시고,
우리 주, 예수 그리스도를 위하여,
자비의 사역에 충분히 참여하게 해주십시오.
예수님의 이름으로 기도드립니다. 아멘.

강하고 담대하라

더할 나위 없는 사랑

디모데후서 2:3-4 ＊찬송 404장

영원하신 하나님,
하나님께서는 그리스도의 십자가 죽음 안에서
저희를 위한 사랑을 더할 나위 없이 베풀어주셨습니다.
저희에게 은혜를 베푸시어,
저희 일상 생활의 언행 속에서
그러한 희생을 순간순간 드러낼 수 있도록 해주십시오.
위대하신 하나님께서는
죽은 이들로부터 그리스도를 부활시키심으로써,
죽음을 이기시고 저희를 위한 사랑을 확증하셨습니다.
저희에게 은혜를 베푸시어,
저희가 말하고 행하는 모든 것 속에서
그분의 삶을 순간순간 드러내며,
주님이신 그리스도를 충성스럽게 따를 수 있도록 해주십시오.
우리 주 예수 그리스도의 이름으로 기도드립니다. 아멘.

하루 일과 속에서 드리는 기도

어둠의 골짜기

사무엘하 11:6-13　＊찬송 262장

영원하신 하나님,
하나님께서는 어둠의 골짜기마다
저희보다 앞서 지나가셨으며,
그리스도께서는 지금도
저희와 함께 걸어가신다는 사실을
저희가 늘 상기하게 해주십시오.
저희를 두려움에서 자유롭게 하시어,
저희가 주님의 제자로서
세상을 섬기고 이웃을 돌볼 때에
흔들리지 않게 해주십시오.
저희를 이끄시어, 오늘도 부대 안에서
어려움과 고통 속에서 있는 이들을 돕게 하시고,
정의와 진실의 큰 뜻도 저버리지 않게 해주십시오.
예수 그리스도의 이름으로 기도드립니다. 아멘.

육신의 힘이 회복되듯이

시편 147:3　＊찬송 547장

오늘도
저희에게 양식을 허락하신 하나님,
그 은혜로운 섭리에 감사드립니다.
육신의 힘이 회복되듯이,
영혼의 힘도 강건해지게 해주십시오.
그리스도의 이름으로 기도드립니다. 아멘.

하루 일과 속에서 드리는 기도

하나님 알아 가기

전도서 12:1   *찬송 101장

영원하시고 복되신 하나님, 하나님을 아는 것이 영원한 삶입니다. 날마다 하나님을 더 잘 알게 도와주셔서 날마다 더 온전히 참된 삶을 살아가게 하시고, 삶의 의미를 더 온전히 알게 해주십시오.

영원하시고 복되신 하나님, 하나님을 섬기는 일이야말로 완전한 자유입니다. 그리하여 하나님을 더욱 충실하게 섬기게 하시고, 하나님의 뜻을 행하는 가운데서 평화를 찾을 수 있게 해주십시오.

영원하시고 복되신 하나님, 하나님을 사랑함으로 기쁨이 충만합니다. 하루하루 하나님을 더욱 사랑하도록 도와주십시오. 그리하여 하나님이 저를 먼저 사랑하셨듯이, 하나님께 좀더 가까이 나아가고, 좀더 사랑할 수 있도록 해주십시오. 부디 한낮의 이 기도를 들어주십시오. 우리 주 예수 그리스도의 이름으로 기도드립니다. 아멘.

칭찬하는 일은 재빠르게

디모데후서 4:7   ✽찬송 369장

하나님,

오늘 하루 동안

남을 칭찬하는 일은 재빠르게 하고

비판하는 일은 더디게 해주십시오.

용서하는 데에는 빠르게 하고

규탄하는 데에는 더디게 해주십시오.

남과 나누기를 빨리 하고

주기를 거절하지 않게 해주십시오.

저의 성질을 죽이고 화를 내지 않도록 도와주십시오.

혀를 온전히 통제하여 경솔한 말을 하지 않게 해주십시오.

오늘 하루 종일 모든 사람을 도와주고

아무에게도 마음 상하게 하는 일이 없도록 해주십시오.

그리하여 삶 속에서 참기쁨을 찾게 해주십시오.

주 예수 그리스도의 이름으로 기도드립니다. 아멘.

하루 일과 속에서 드리는 기도

먹는 이마다 힘을 얻고

예레미야 6:14　＊찬송 549장

자비로우신 성부 하나님,

하나님께서는 저희에게 생명을 되찾아 주시려고,

하나님의 성자를 사람이 되게 하셨습니다.

저희에게 베풀어 주신 이 음식에 복을 내리시어,

먹는 이마다 힘을 얻고,

그리스도를 충실히 섬기게 해주십시오.

우리 주 예수 그리스도의 이름으로 기도드립니다. 아멘.

강하고 담대하라

위로의 밤

데살로니가전서 2:17　＊찬송 467장

　하나님, 오늘밤에 특히 몸과 마음과 가슴속에 번민과 고통을 안고 있는 사람들을 생각합니다. 군생활의 위기 속에서 슬퍼하고 방황하는 이들에게 복을 내려 주십시오. 오늘밤 아픈 사람들, 최악의 고통으로 긴긴 밤을 지새야 하는 이들에게 복을 내려 주십시오.

　나쁜 소식과 예기치 않은 수치감으로 슬퍼하는 부대원들 위에 복을 내려 주십시오. 꿈꾸던 일이 영영 물거품으로 변하여 처절한 실망 가운데서 홀로 앉아 있는 이들을 복 내려 주십시오. 삶에 큰 낭패를 당한 이들을 복 내려 주십시오. 시험을 당해 씨름하고 있는 이들과, 이 씨름 속에서 패배한 이들에게 복을 내려 주십시오. 사랑하는 사람과 헤어진 이들, 그리고 외로움과 불안에 사로잡힌 이들을 복 내려 주십시오. 어려운 일이 있는 곳에 위로와 도움이 있게 해주십시오. 그리스도의 이름으로 기도드립니다. 아멘.

밤하늘의 약속

누가복음 24:29 * 찬송 63장

생명의 하나님, 어깨 위에 제가 지고 가는 짐이 무겁고 짓누르는 날들이 있습니다. 길이 음울하고 끝없어 보이며, 하늘이 우중충하고 위협적으로 보이기도 합니다. 저의 삶에 음악이 전혀 없고, 마음이 외로우며, 영혼마다 용기를 상실한 상태입니다.

군생활 속에서 제가 걸어가는 이 길을 빛으로 넘실거리게 해주시고, 제가 눈을 돌려 약속으로 가득 찬 하늘을 우러르게 하시며, 제가 마음을 돌려 웅장한 음악을 듣게 하시고, 하나님이 보내시는 천군 천사와 날마다 순간마다 동행하게 해주십시오.

그래서 제가 오늘밤 마음을 새롭게 하고 영혼을 소생시켜, 군생활의 위기를 슬기롭게 극복하고, 마침내는 저의 인생 길에서 하나님의 존귀와 영광에 이를 수 있도록 용기를 북돋아 주십시오. 예수님의 이름으로 기도드립니다. 아멘.

한밤의 용서

시편 17:3 *찬송 507장

하나님, 제가 오늘 일으켰던 모든 문제거리들을 용서해 주십시오. 만일 제가 어리석게 고집을 피우거나, 불필요한 방해물이 되었거나, 바보같이 법석을 피운 일 때문에 제 스스로에게 걸림돌이 되었다면 용서하여 주십시오. 만일 제가 다른 사람을 기다리게 했거나, 일에 능장을 부렸거나, 약속을 지키지 못하여 다른 사람을 걱정하게 만들었다면 용서하여 주십시오. 만일 제가 적절치 못한 때에 장난을 하려고 하였거나, 맞지 않는 농담을 하였거나, 훼방과 조급함과 좋지 않은 성격을 드러내고 공손하게 행하지 않은 일 때문에 다른 사람을 괴롭혔다면 용서하여 주십시오.

하나님, 이 밤에 저를 용서하여 주십시오. 내일은 오늘과는 다른 날이 되게 해주십시오. 오늘 했던 것보다 훨씬 더 잘해낼 수 있도록 도와주십시오. 이 모든 것을 하나님의 사랑에 힘입어 예수 그리스도의 이름으로 기도드립니다. 아멘.

잠 못 이루는 밤

시편 91:4　＊찬송 444장

하나님,

오늘밤 몸과 마음이 편해질 수 있도록 도와주십시오.

휴식을 불가능하게 만드는 긴장감을 제거해 주십시오.

잠 못 이루게 하는 모든 근심들을 거두어 주십시오.

제 마음 한구석에 숨어 있는 두려움을 거두어 주십시오.

제가 잠시 일손을 놓거나 생각할 시간이 많아질 때에

이 두려움이 저를 사로잡습니다.

오늘밤, 진실한 마음으로 저의 걱정거리들을

하나님께 내어 맡길 수 있도록 도와주십시오.

저를 감싸고 있는 영원하신 하나님의 팔을 느끼게 해주십시오.

오늘밤, 피곤하여 잠에 빠져들기보다는

평안한 마음으로 잠들 수 있게 해주십시오.

주 예수 그리스도의 이름으로 기도드립니다. 아멘.

15 잠자리에 들 때

넘치는 평화

시편 4:8　＊찬송 469장

　하나님, 오늘밤, 제가 잠드는 것을 방해하는 걱정거리들과, 저를 편치 못하게 긴장시키는 것들, 제 마음을 더욱 아프게 만드는 시기와 질투와 나쁜 기억들을 거두어 주십시오. 제가 후회했던 것과 잘못한 것들을 용서해 주시고, 상처를 주었거나 잘못 대한 사람, 저와 불화한 가운데서 오늘을 마친 사람들과 함께 바른 관계를 위하여 노력하는 첫걸음을 내딛을 수 있도록 바로 지금 이 자리에서 제 마음을 결정하게 해주십시오.

　오늘밤, 평화롭게 잠들 수 있도록 도와주시고, 하나님의 사랑과 보살핌을 확신하게 해주십시오. 내일은 정결한 마음으로 자리에서 일어나며, 제 몸에 활기가 넘칠 수 있도록 해주십시오. 또한 하나님과 함께, 사람들과 더불어, 제 마음에 평화가 넘칠 수 있도록 허락해 주십시오. 주 예수 그리스도의 이름으로 기도드립니다. 아멘.

부모님 생각

잠언 1:8 * 찬송 304장

하나님, 제게 가정과 부모님을 주셔서 감사합니다. 제가 어려서 스스로를 돌볼 수 없었을 때에 누군가 저를 보살펴 준 것, 스스로 돈을 벌어 생계를 유지할 수 있기 전에 나누어 받았던 음식과 의복과 집, 저희 부모님이 제게 주신 교육의 기회들, 제가 상처받고 용기를 잃고 우울할 때에 가정으로부터 받았던 변함없는 사랑과 동정, 그리고 제가 태어나서부터 여태껏 받아 온 모든 사랑에 대하여 감사드립니다. 제가 자라면서 부모님을 속상하게 한 일이나 부모님으로부터 멀리 떨어져서 친숙하지 못한 적이 있었다면 모두 용서해 주십시오.

또는 세월이 흐르면서 제가 부모님을 좀더 이해하고, 사랑하고, 더욱 가까워질 수 있었던 것에 감사드립니다. 그러나 부모님이 제게 주신 것들을 감사하지 못하고 당연한 것이라고 생각했거나, 가정을 제가 필요한 대로만 생각해 받기만 하고, 부모님이나 다른 가족들을 위하여 아무 것도 한 것이 없다면 저를 용서해 주십시오. 때로 반항적이고, 화를 내고, 부모님께 순종하지 않고, 말도 안하고, 제 뜻대로만 하려고 하고, 인내하지 못했던 적이 있었다면, 모두 용서해 주십시오.

제가 부모님께 받은 것들을 모두 갚을 수는 없을지라도, 최소한 은혜를 갚으려고 노력하고 고마움을 표현하기 위하여 뭔가를 할 수 있도록 도와주십시오. 제가 가정과 부모님을 훌륭하게 생각하고, 사랑하고, 또 그분들을 사랑하고 있음을 충분히 보임으로써 언젠가 부모님이 세상을 떠나고 안 계실 때 뒤돌아보며 후회하는 일이 없도록 도와주십시오. 예수님의 이름으로 기도합니다. 아멘.

하루 일과 속에서 드리는 기도

이 밤이 지나도록

시편 121:1   ＊찬송 448장

빛되신 성부 하나님, 저희와 함께 하시어, 침묵이 흐르는 이 밤이 지나도록 저희를 보호해 주십시오. 깊어 가는 이 밤에도 천군 천사를 보내시어 저희를 호위하게 해주십시오. 어려운 일이 없게 하시고 악한 세력이 결코 틈타지 않게 해주십시오. 저희의 빈틈없는 경계 근무로 후방의 부모 형제들이 안전하게 이 밤을 보낼 수 있음에 새삼 보람과 긍지를 느끼게 해주십시오.

저희는 자고 나면 쏜살같이 지나가 버리는 이 세상의 변화들에 지쳐 있습니다. 저희가 영원토록 변함없으신 하나님의 품 안에서 쉼을 얻을 수 있도록 해주십시오. 하나님께서는 신실하시며 하나님의 사랑은 결코 변하지 않습니다. 하나님의 성자이신, 우리 주 예수 그리스도의 이름으로 기도드립니다. 아멘.

평화의 기도

시편 17:8   *찬송 468장

주님, 저를 평화의 도구로 써주십시오.

미움이 있는 곳에 사랑을,

상처가 있는 곳에 용서를,

분열이 있는 곳에 일치를,

의혹이 있는 곳에 믿음을,

오류가 있는 곳에 진리를,

절망이 있는 곳에 희망을,

어둠이 있는 곳에 광명을,

슬픔이 있는 곳에 기쁨을 심게 해주십시오.

위로받기보다는 위로하며,

이해받기보다는 이해하며,

사랑받기보다는 사랑하며,

자기를 온전히 줌으로써 영생을 얻게 해주십시오.

주님, 저를 평화의 도구로 써주십시오.

그리스도의 이름으로 기도드립니다. 아멘.

하나님이 저를 위하시면

로마서 8:31-39 ＊찬송 370장

위대하신 하나님, 그런즉 이 일에 대하여 제가 무슨 말을 하겠습니까? 만일 하나님이 저를 위하시면 누가 저를 대적하겠습니까? 죽으실 뿐 아니라 다시 살아나신 이는 그리스도 예수시니, 그분은 하나님 우편에 계신 이요, 저를 위하여 간구하시는 분이심을 믿습니다.

누가 저를 그리스도의 사랑에서 끊겠습니까? 환난이나, 곤고나, 핍박이나, 굶주림이나, 헐벗음이나, 위협이나, 칼이겠습니까? 그러나 이 모든 일에 저를 사랑하시는 이로 말미암아 저는 넉넉히 이길 것입니다.

저는 확신합니다. 죽음이나, 삶이나, 천사들이나, 권세자들이나, 현재 일이나, 장래 일이나, 능력이나, 높음이나, 깊음이나, 다른 아무 피조물이라도, 저를 우리 주 그리스도 예수 안에 있는 하나님의 사랑에서 끊을 수 없습니다. 아멘.

20 훈련(작전/전투)에 임할 때

십자가 군병

욥기 42:10   ＊찬송 390장

자비하신 하나님, 저는 지금 훈련(작전/전투)에 임해야 한다는 명을 받았습니다. 출발에 앞서 한마음으로 비오니, 저의 기도를 응답하여 주십시오. 저는 전쟁의 승패가 하나님의 주권에 달려 있음을 알고 있습니다. 이번 ○○○훈련(작전/전투)의 결과도 하나님께서 주관하심을 믿습니다. 비오니, 부디 이번 훈련(작전/전투)을 성공적으로 이끄시어, 저희 부대에 승리를 안겨 주시고, 저희가 진심으로 하나님께 영광을 돌려 드리게 해주십시오.

저희 부대의 온 장병을 굽어살펴 주십시오. 상관을 존경하고 명령에 순복하며, 부하를 믿고 사랑으로 보살필 수 있도록 해주십시오. 지휘관으로부터 이등병에 이르기까지 한마음 한뜻 되게 해주십시오. 굳건한 신앙을 바탕으로 모든 일에 모범이 되는 믿음의 지휘관이 되게 해주십시오. 기도와 말씀으로 승전가를 부르는 십자가의 군병이 되게 해주십시오. 살아 계신 우리 주 예수 그리스도의 이름으로 기도드립니다. 아멘.

하루 일과 속에서 드리는 기도

만군의 주

사무엘상 17:34-37　＊찬송 384장

　만군의 주 하나님, 이제 저희 ○○부대가 ○○○훈련(작전/전투)을 위하여 출동합니다. 비오니, 하나님께서 친히 영적인 총지휘관이 되시고 인도해 주십시오. 부대장님 이하 온 참모들과 장병들에게 지혜와 능력을 갑절이나 더하시어서 능히 승리하게 해주십시오. 그리고 전 부대원이 의를 위하여 담대히 자신을 바칠 수 있는 참된 용기를 갖게 하시고, 적의 위협과 산악의 험난함과 어려운 기상 조건 속에서도 주어진 임무를 성공적으로 수행할 수 있도록 건강한 몸과 마음을 허락하여 주십시오.

　이 훈련(작전/전투)을 통하여 전우를 위해 기꺼이 자신을 희생하는 뜨거운 전우애를 경험하게 하시고, 시련과 고통을 통하여 한 단계 높은 인내와 극기를 배우게 해주십시오. 힘이 없어 연약해지고 마음이 괴로울 때 용기를 주시고, 위험할 때 저희를 보호하실 것을 믿으며, 예수님의 이름으로 기도드립니다. 아멘.

낮에는 구름기둥으로, 밤에는 불기둥으로

출애굽기 13:21-22 ✱찬송 402장

나의 힘이 되시는 하나님,
저는 지금 행군을 출발하려 합니다.
행군에 앞서 하나님께 비오니,
저와 함께 행군 길을 동행하여 주십시오.
행군하는 발걸음마다 지치거나 피곤에 빠지지 않게 해주십시오.
독수리의 날개치며 올라감같이
새 힘과 용기를 부어 주십시오.
낮에는 구름기둥으로, 밤에는 불기둥으로,
저희 부대원들과 저를 이끌어 주십시오.
하나님의 불꽃 같은 눈동자로,
저희를 안전하게 지켜 주십시오.
보호하심의 날개 아래 저희 모두를 품어 주십시오.
한 사람도 낙오하는 병력이 없게 하시고,
기상과 주변 여건까지도 온전히 주장하여 주십시오.
예수님의 이름으로 기도드립니다. 아멘.

하루 일과 속에서 드리는 기도

여호와를 앙망하는 자

로마서 8:31 ＊찬송 394장

나의 힘이 되시는 하나님, 저희는 지금 적진을 향하여 행군을 하고 있습니다. 여호와를 앙망하는 자는 새 힘을 얻어 달음박질하여도 곤비치 아니하겠고 걸어가도 피곤치 아니하리라고 말씀하셨사오니, 저희들에게 새 힘을 주시어 뛰고 달려도 곤비치 않고 피곤치 않게 해주십시오.

여호와를 의뢰하고 인정하는 이에게 갈 길을 열어 주시고 인도해 주시겠다고 약속하셨사오니, 불기둥과 구름기둥으로 저희의 걸음을 앞서 이끄시고 동행하여 주십시오. 여기 조국의 평화 통일을 위협하고 민족의 생명을 해치는 무리들을 응징하는 젊은이들이 뜨거운 가슴으로 조국과 겨레의 평화를 지키기 위하여, 사랑하는 부모 형제와 벗들과 연인들을 보호하기 위하여 행군하며 나아가오니, 불사조 같은 의지가 저희들의 몸과 마음에 약동하게 해주십시오. 졸지도 주무시지도 아니하시며 저희를 지켜 주시는 예수님의 이름으로 기도합니다. 아멘.

하나님께서 지키지 아니하시면

민수기 14:41-45　＊찬송 397장

저희의 방패요 피난처이신 하나님,
이 시간 저희들은 철통 같은 경계로
적군의 침투를 방어하고 있습니다.
하나님께서 지키지 아니하시면
파수꾼의 경성함이 허사라고 하셨는데,
저희 삶의 터전과
하나밖에 없는 이 조국을 지키기 위하여
최선을 다해 방어하고 있는 저희와 함께 하시어서,
한 명의 적군도 침투하지 못하도록 지켜 주십시오.
저희들에게 건강과 용기와 인내심을 주시어,
이 방어를 성공적으로 이끌고 나갈 수 있게 해주십시오.
저희를 눈동자처럼 지켜 주시는
우리 주 예수 그리스도의 이름으로 기도드립니다. 아멘.

여호와 닛시

사무엘상 17:45   ＊찬송 388장

저희의 힘과 능력이 되신 하나님,
이 시간 공격 대열에 서 있는 저희들에게
힘과 능력을 주십시오.
성공적으로 공격을 감행함으로써,
이번 훈련(작전/전투)을 승리로 이끌게 해주십시오.
그리하여 저희 지휘관과 부대에 기쁨을 주시고,
하나님께 영광을 돌려드릴 수 있도록 해주십시오.
온 장병에게 건강과 굳센 의지를 허락하시어,
모두가 최선을 다해
이번 훈련(작전/전투)에 임하게 해주십시오.
우리 주 예수 그리스도의 이름으로 기도드립니다. 아멘.

전쟁은 하나님께 속한 것이니

역대하 25:8 **찬송 391장

전쟁의 승패를 주관하시는 하나님, 오늘도 저희를 위하여 천군 천사를 대동하시고 눈동자와 같이 보호해 주심을 감사 드립니다. 전쟁의 승패가 칼과 창에 달려 있는 것이 아니라, 오직 여호와 하나님께 속한 것인 줄 믿습니다. 또한 하나님께서 저희와 함께 하심으로 승리하게 될 줄 믿습니다. 하나님이 택하신 성서의 백성들을 불기둥과 구름기둥으로 인도하셨듯이, 하나님을 섬기는 저희의 앞길도 온전히 이끌어 주십시오. 홍해 바다도 육지처럼 건너게 하셨듯이, 어떠한 장애물도 두려워하지 않고 진군하게 해주십시오. 닥쳐오는 위기를 하나님의 기회로 선용할 수 있는 지혜와 믿음을 주십시오.

저희 부대 전 장병들을 지켜 주시고 용기를 불어넣어 주셔서, 죽음을 무릅쓰고 책임을 완수하는 진정한 십자가 군병이 되게 해주십시오. 뜨거운 전우애를 경험케 하시고, 승리의 개가를 부를 그 순간까지 최선을 다하게 해주십시오. 예수 그리스도의 이름으로 간절히 기도드립니다. 아멘.

27 훈련(작전/전투)을 마치고 복귀했을 때

진정 하나님의 승리

사무엘상 18:7 ＊찬송 156장

살아 역사하시는 주 하나님, 오늘 저희들이 힘든 훈련(작전/전투)을 성공적으로 마치고 무사히 복귀하게 하시니 감사합니다. 전능하신 하나님께서 저희 편에 계셔서 승리하게 하시니 더더욱 감사와 찬양을 드립니다. 하나님께서는 이번 훈련(작전/전투)을 통하여, 빗발치는 총탄 속에서도 하나님의 임재하심과 보호하심의 손길을 느끼게 하셨습니다. 지휘관에게는 예리한 판단력과 탁월한 지휘력을 허락하셨고, 온 부대 장병들에게는 죽음을 초월하는 강한 신앙심과 승리를 향한 굳센 의지와 뜨거운 전우애를 체험하게 하셨습니다.

하나님, 저희의 이번 승리는 진정 하나님의 승리입니다. 저희 모두가 승전가를 부르며 개선하게 해주신 하나님께 다시 한번 감사드리며, 이 믿음 이 고백으로 이 땅의 자유와 평화를 끝까지 지켜 가게 해주십시오. 부활의 승리자이신 우리 주 예수 그리스도의 이름으로 기도드립니다. 아멘.

강하고 담대하라

치유의 공동체

야고보서 1:3　＊찬송 447장

　만군의 주 하나님, 지금까지 저를 사랑과 은혜로 이끌어 주신 것을 감사드립니다. 대한민국의 국군으로서, 저는 지금 이곳 격오지 (GOP/GP/산꼭대기/해안/사이트/함대/독립소초)에서 임무를 수행하고 있습니다.

　전쟁의 승패를 주관하시는 하나님께서 이곳에서의 모든 생활을 책임져 주실 줄 믿습니다. 소부대 적은 인원이지만, 서로가 돕고 이해하고 격려함으로써, 평생토록 정말 좋은 추억으로 간직할 수 있는 순간들을 만들어 갈 수 있게 해주십시오.

　서로의 인격을 존중하고 저마다의 상처를 싸매 주는 치유의 공동체가 되게 해주십시오. 이곳이 하나님이 늘 함께 하시는 작은 천국이 되게 해주십시오. 예수님의 이름으로 기도드립니다. 아멘.

조용한 생활

시편 5:3   *찬송 73장

존귀하신 하나님, 이곳 격오지에서 순간순간 몰려드는 외로움과 그리움과 두려움을 능히 이겨낼 수 있도록 서로간에 믿음과 용기를 북돋게 해주십시오. 오히려 조용한 생활 속에서 하나님의 음성에 귀기울일 수 있는 신앙의 특별한 귀를 허락해 주십시오. 모든 것이 힘들고 낯설기만 한 이곳에서도 긍정적인 시각으로 인생의 가장 소중한 것들을 내다볼 수 있는 신앙의 특별한 눈도 허락해 주십시오.

자유를 누리기 위해서는 나라를 지킬 힘이 있어야 하고, 평화를 누리기 위해서는 국력이 있어야 함을 저는 잘 알고 있습니다. 그러므로 이곳에 있는 저희 장병 모두가 하나님께서 주시는 능력에 힘입어, 나라와 겨레를 위하여 부름받은 사명을 성공적으로 완수하게 해주십시오. 예수님의 이름으로 기도드립니다. 아멘.

희망을 속삭이는 공간

마태복음 5:16   ＊찬송 395장

자비하신 하나님, 아픈 이와 어려움에 빠진 이들을 돌보아 주십시오. 도움이 필요한 이들에게 늘 함께 해주십시오. 자진하여 어려움에 임하고, 즐거이 그 직책을 수행하게 해주십시오. 속히 건강한 몸과 밝은 마음, 새로운 삶을 회복하게 해주십시오. 어떠한 악조건 아래서도 주어진 임무를 성실히 수행해 내고야 말겠다는 자랑스러운 믿음의 용사들이 다 되게 해주십시오. 서로에게 상처를 주기보다는 믿음과 희망과 사랑을 나누는 자리가 되게 해주십시오. 전국 방방곡곡에서 올라온 저희들이 서로 비전을 나누고 아픔을 감싸 주며 뜨거운 동료애를 나누게 해주십시오. 그저 시간을 죽이는 일보다는 살아 있다는 생생한 느낌을 공유할 수 있는 소중한 공간이 되게 해주십시오. 온 장병이 밤낮으로 하나님을 의지하며, 반드시 이곳 생활을 이겨내게 해주십시오. 이곳에서 먹고 입고 자고 움직이는 저의 모든 생활을 친히 이끄시고 도우시는 우리 주 예수 그리스도의 이름으로 기도드립니다. 아멘.

단체생활에 익숙하지 못합니다

Q 목사님! 저는 소대에서 근무하고 있는 박 이병입니다. 지금까지 집안에서 독자로 부모님의 사랑을 받으며, 나만의 공간 속에서 살아왔었습니다. 어느 누구의 통제를 받아본 적도 없습니다. 그러나 군대라는 곳은 그 동안 제가 해왔던 생활과는 전혀 다른 곳이었습니다. 통제된 생활, 힘든 교육훈련, 그리고 집단적인 내무생활에 적응할 수가 없습니다. 물론 저에게 관심을 가져 주는 선임병들이 있기는 하지만 그들과 함께 내무생활을 한다는 것이 쉬운 일이 아닙니다. 무엇보다도 단체생활에 익숙하지 못한 것 때문에 고민이 됩니다. 목사님! 어떻게 해야 제가 잘 적응할 수 있을지 말씀해 주십시오.

A 박 이병이 힘들어하고 고통스러워하는 그 형편을 조금이라도 이해할 것 같습니다. 병사들 중에는 박 이병과 같이 갑작스런 환경의 변화에 때로는 당황하기도 하고, 때로는 군대라고 하는 특수한 환경에 어떻게 적응해 나갈 것인가 하는 문제로 고민하게 되는 경우도 많이 있으리라고 봅니다. 특히 조용히 혼자만의 시간을 갖는 데 익숙해져 있는 박 이병이 선임병을 비롯한 동료들과 같은 내무반에서 함께 생활을 해야 한다는 것이 매우 부담스러울 것입니다.

지금 박 이병이 고민하고 있는 문제는 조용한 것을 좋아하는 성격 때문에 생기는 문제일 수도 있고, 과거에 단체생활을 전혀 해보지 않은 데서 오는 대인관계에 대한 두려움의 문제일 수도 있습니다. 한마디로 군대라는 집단 속에서 어떻게 적응할 것인가에 대한 문제입니다. 그러므로 박 이병이 고민하는 문제와 관련해서 몇 가지 도움을 드리고자 합니다.

첫째, 먼저 현실을 있는 그대로 받아들일 수 있기를 바랍니다.

인생은 선택의 연속이라는 말이 있습니다. 어떤 학교에 다닐 것인지, 어떤 사람을 배우자로 삼을 것인지, 어떠한 직업을 가질 것인지, 어떤 차와 어떤 집을 살 것인지 선택의 연속입니다. 그런가 하면, 나의 의지와는 전혀 관계없이 되는 일들도 있습니다. 예를 들면, 이 세상에 태어날 때에 남자로 태어나겠다는 의지를 가지고 태어난 사람은 없습니다. 박 이병의 경우도 태어나고 보니 남자였던 것입니다. 또한 박 이병이 박씨 가문을 선택한 것도 아닙니다. 태어나고 보니 아버님이 박씨 성을 가진 분이었던 것입니다. 이처럼 사람은 자신이 원하는 방식대로 환경을 바꾸어 자신을 적응시켜 가면서 살아야 할 때도 있습니다.

그러한 면에서 군생활이라는 것은 후자에 속한다고 볼 수 있습니다. 일단 대한민국의 건강한 청년이라면 누구를 막론하고 입대를 해야되는 현실 속에 있습니다. 그리고 군생활을 하는 동안 단체생활은 불가피한 일입니다. 내무생활을 하면서 박 이병만을 위한 혼자만의 공간과 개인적인 조용한 시간을 갖는다는 것은 어려운 일입니다. 그러므로 선임병이나 동료들과 함께 내무생활을 해야 하는 필연성을 현실로 받아들이는 마음의 자세가 우선적으로 필요합니다. 군에 있을 동안에 여러 동료들과 함께 하는 내무생활이 피할 수 없는 것이라면, 이제부터는 박

군생활의 위기와 상담 I

이병이 그러한 내무생활에 어떻게 적응해 나가야 할 것인가에 초점을 맞추어야 되는 것입니다.

둘째, 내무생활을 통해서 많은 것을 배울 수 있습니다.

입대 전에 오직 자기만의 공간과 시간을 가져 왔던 박 이병에게 집단적인 내무생활은 더더욱 고통스러운 것일지도 모릅니다. 그러나 한편으로는 군대의 내무생활이 인생에서 가장 많은 것을 배울 수 있는 산 경험의 현장이라고 볼 수 있습니다. 모든 단체생활이 그렇듯이 윗사람(선임병)에 대한 예절을 배우게 될 것이고, 서로간에 양보하고 용서하며 협동하는 미덕을 체험하게 될 것이며, 또한 상대방의 입장을 이해하면서 인내하는 성품도 가지게 될 것입니다. 무엇보다도 대인관계를 하는 데 있어서 자신을 돌아볼 수 있는 좋은 기회가 될 것입니다.

내무반에는 박 이병이 좋아하는 사람이 있는가 하면 얼굴을 쳐다보기도 싫은 사람이 있을 것입니다. 박 이병보다 계급이 높은 선임병이 있는가 하면, 계급이 낮은 후임병도 있습니다. 여러 지방에서 올라온 각기 다른 성격의 사람들을 접하게 될 것입니다. 자기만 생각하는 이기적인 사람이 있는가 하면, 동료들을 위해 헌신하는 사람들도 있을 것입니다. 성격이 활달한 사람이 있는가 하면 내성적인 사람도 있을 것입니다. 이와 같은 다양성 속에서 그들과 함께 조화를 이루어나감으로써 대인관계의 기술을 습득해 나갈 수 있을 것이고, 박 이병을 따뜻하게 대해 주는 선임병도 만날 수 있을 것입니다. 때로는 선임병이나 동료들과의 대인관계 속에서 마음이 긴장되거나 불안을 느낄 때도 있을 것입니다. 그러한 때에 어떻게 하면 좋은 관계를 가질 수 있을 것인가 고민하는 과정 속에서 박 이병은 점점 더 성숙해 가는 것입니다.

셋째, 박 이병의 고민은 성장을 위한 하나의 과정입니다.

군대의 내무생활은 장차 박 이병이 사회생활을 성공적으로 할 수 있느냐 그렇지 못하느냐를 결정하는 중요한 시험대가 될 것입니다. 한 인격체가 온전한 모습으로 성장해 가는 데에는 많은 긴장과 고민과 갈등과 아픔이 있기 마련입니다. 그러한 맥락에서 지금 박 이병이 힘들어하고 고민하는 것은 성장을 위한 하나의 몸부림인 것입니다. 특히 계급적인 구조로 이루어진 내무생활에 적응한다는 것은 때로 굉장히 힘든 일일 수도 있습니다. 조용한 것을 좋아하는 사람이 여러 사람과 함께 하는 환경 속에서 살아야 한다는 것도 쉬운 일이 아닙니다. 때로는 선임병들과 함께 내무생활 하는 것이 박 이병의 생리에 맞지 않을지도 모릅니다. 그러나 그러한 생활을 통해서 박 이병은 점점 더 성숙한 사람이 되어 가는 것입니다. 사람은 어떤 모양으로든 고민하고 갈등을 경험한 만큼 성장하게 되어 있습니다. 지금은 여러 사람과 함께 하는 내무생활에 적응이 되지 않아도 시간이 지난 후에 뒤돌아보면 아름다운 추억거리로 남을 것입니다.

아마 박 이병의 경우도 2년이 지나서 병장이 되었을 때에는 이등병 시절에 불안해하고 적응하지 못했던 때의 모습을 생각해 보면서 미소를 짓게 될 것입니다. 아무쪼록 현실을 있는 그대로 받아들이고, 또한 긍정적인 자세로 내무생활을 할 뿐 아니라, 미래에 대한 소망을 가지고 군생활을 잘 적응해 나갈 수 있기를 바랍니다.

업무에 자신이 없습니다

Q 저는 자대에 전입한 지 얼마 되지 않은 ○○중대 행정병 김 이병입니다. 대학을 다니다가 휴학을 하고 입대했는데, 저는 저에게 맡겨진 일에 자신이 없습니다. 어떤 때는 차라리 몸으로 때우는 소총수가 더 나을 것이라는 생각이 듭니다. 어떤 병사들은 행정병으로 있는 저를 부러워하기도 하는데, 저는 이상하게 이 업무에 적응이 되지 않습니다. 열심히 한다고는 하지만 기대한 만큼 되지 않기 때문에 더욱더 부담스럽기만 합니다. 특히 맡겨진 일에 대해 계속해서 실수를 하다보니, 같은 소대원들이나 선임병에게 미안한 생각뿐입니다. 입대 전에는 그렇지 않았는데, 왜 이처럼 무기력해졌는지 제 스스로도 이해가 되지 않습니다. 어떻게 해야 자신감을 회복할 수 있을까요?

A 잘해 보려고 하지만, 잘되지 않아서 안타까워하는 김 이병의 심정을 조금이라도 이해할 것 같습니다. 모든 일이 내가 마음 먹은 대로 될 수만 있다면 얼마나 좋겠습니까? 그러나 때로는 내 능력과는 상관없이 잘되지 않는 일도 있습니다. 특히 군대라는 곳은 사회와는 여러 가지 면에서 다른 환경이기 때문에 이등병으로서 편안한 마음으로 업무를 처리하기가 쉽지는 않을 것입니다.

게다가 김 이병의 업무는 입대 전부터 익숙했던 것이 아니라, 군에

강하고 담대하라

와서 처음 하는 일입니다. 처음 하는 일에는 누구나 긴장을 하게 마련이기 때문에, 초보자는 그만큼 실수할 가능성이 많습니다. 거기다가 처음부터 주어진 일을 완벽하게 해야겠다는 강박관념은 더 많은 실수의 원인이 되기도 합니다. 그러나 반복되는 업무를 계속해서 하다보면 요령이 생기게 되고, 자신감도 회복될 수 있습니다. 김 이병의 문제해결을 위해 좀더 구체적으로 몇 가지 말씀을 드리고자 합니다.

첫째, 입대 전 자신감을 가졌던 때를 기억해 보십시오.

김 이병은 군에 들어오기 전에는 지금과 같지 않았다고 했습니다. 그러므로 그 때의 기억들을 더듬어 보는 것도 현재의 어려운 시기를 극복하기 위해서 매우 유익할 것입니다. 사람은 어떠한 모습을 머리에 그리면서 사느냐에 따라 생활 태도가 달라질 수 있습니다. 과거에 실패한 경험만을 항상 떠올리는 사람과 성공했던 좋은 경험만을 머리 속에 간직하고 사는 사람과는 현재를 살아가는 삶의 태도에 큰 차이가 있습니다.

프로야구 선수의 경우를 생각해 봅시다. 홈런을 가장 많이 친 타자가 그에 비례해서 삼진 아웃을 많이 당한다는 통계가 있습니다. 그런데 그 홈런 타자가 타석에 서서 무슨 생각을 해야 하겠습니까? 자신이 삼진아웃당하던 모습만을 머리 속에 떠올린다면, 그는 결코 더 많은 홈런을 날리지 못할 것입니다. 가장 많은 삼진 아웃을 당했으면서도 가장 많은 홈런을 치고 있다는 자신의 모습을 염두에 둘 때에 그는 다시 한 번 멋진 홈런을 칠 수 있을 것입니다. 이처럼 김 이병의 경우도 군에 들어와서 연속해서 실수하던 것들만 생각할 것이 아니라, 입대 전에 실수없이 해내었던 일들을 하나씩 돌이켜 생각하는 시간을 갖는다면, 비록 환경이 달라지기는 했지만 얼마든지 군생활에도 잘 적응할 수 있는 자신감이 생길 것입니다.

둘째, 현재 일에 최선을 다하는 자세를 유지하십시오.

이 세상에 실수를 하지 않을 만큼 완벽한 사람은 없습니다. 아무리 완벽주의자라고 할지라도 그도 역시 수많은 실수를 통해서 점점 더 성숙해져 가는 것입니다. 중요한 것은 나에게 맡겨진 일에 얼마나 최선을 다했느냐의 문제입니다. 군대는 과정보다는 결과를 중시하는 집단이기 때문에, 일단 결과가 좋지 않으면 그 일을 이루기까지의 과정을 과소평가하는 경향이 있습니다. 업무태만으로 결과가 나쁘게 나온 것과, 열심히 했음에도 불구하고 결과가 좋지 않은 것을 똑같이 평가할 수는 없는 것입니다.

그런데 김 이병은 분명히 맡겨진 일에 최선의 노력을 해왔다고 했습니다. 낯선 군대환경 속에서 이제 갓 군에 들어온 이등병으로서 김 이병은 나름대로 적응을 하기 위해 열심히 노력하고 있습니다. 그렇지만 계속해서 반복되는 실수로 자신감을 상실하고 있는 것입니다. 누구나 그렇듯이 처음 하는 일에는 실수가 있게 마련입니다. 그러므로 반복되는 실수의 원인을 기억하고 차분하게 업무를 하게 되면 김 이병이 실수라고 여기는 부분을 점점 더 줄여 나갈 수 있을 것입니다. 그리고 주변에 있는 선임병이나 간부님들도 김 이병의 그러한 모습에 격려를 아끼지 않을 것입니다.

셋째, 자신감을 회복할 수 있다는 신념을 가지십시오.

김 이병이 말했듯이 본래 자신감이 없었던 것은 아닙니다. 입대 전에는 지금과 같지 않았다고 했습니다. 현재 업무에 대한 실수의 반복이 자신감 상실의 원인이 된 것입니다. 그러므로 자신감의 회복을 위해서 김 이병이 실수했다고 생각되는 것을 자세히 살펴볼 필요가 있습니다. 저는 반복되는 실수가 김 이병의 무능력 때문이라고 생각되지는 않습니다. 또한 군대행정이 대학을 다니다 온 김 이병이 감당할 수 없을 정도로 어렵다고 생각되지도 않습니다. 기껏해 보아야, 공문에 오탈자가 자주 발견되었든지, 아니면 정한 시간 내에 워드작업을 하지 못해서 애를 먹었든지, 아니면 해야 될 일을 긴장해서 잊어버렸든지, 아니면 모든 행정업무를 정확하게 해야 한다는 강박관념 때문에 꼭 한두 가지를 빠뜨린 것들이 전부일 것입니다. 이러한 것들은 얼마든지 마음의 여유를 갖게 되면 해결될 수 있는 것들입니다.

저는 얼마 전에 회계학를 전공하던 병사가 경리계원으로 차출되었는데, 그 일이 힘들다고 도움을 요청하는 편지를 받은 적이 있었습니다. 그래서 지휘관과 면담을 하도록 주선해 주었는데, 그 이후에 선임병들이 관심을 가져 주고 업무를 가르쳐 줌으로써 자신감을 회복한 병사를 본 적이 있습니다. 김 이병도 비슷한 경우입니다. 정말 힘이 들고 어려우면 자신의 문제를 가지고 목사님이나 간부님들에게 면담요청을 하십시오. 그래서 김 이병이 자신의 입장을 이해받고 격려를 받게 되면 머지않아 자신감을 회복하게 될 것입니다.

상급자 때문에 괴롭습니다

Q 목사님! 저는 훈련소 생활까지만 해도 별문제가 없었습니다. 그런데 자대에 와 보니 적응이 되지 않습니다. 나이도 적은 상급자가 이래라 저래라 간섭하는 것도 자존심이 상합니다. 때로는 주먹이 올라갈 것 같은 충동을 느끼지만 참으려고 애를 쓰고 있습니다. 사실 저는 군에 들어오기 전까지만 해도 누구의 통제도 받은 적이 없었습니다. 그런데 자대에 근무하다 보니 굉장히 답답함을 느낍니다. 괴롭히는 상급자로부터 벗어나고 싶은 충동이 일어나기도 합니다. 이제 신병인데, 앞으로 군대생활을 할 것을 생각하니 꿈만 같습니다. 이럴 때는 어떻게 해야 합니까? 도와주십시오.

A 김 이병의 심정이 어떠한지 충분히 이해가 됩니다. 김 이병과 같은 고민을 하는 사람이 군대 내에서 종종 있을 것이라고 생각이 됩니다. 자유롭게 생활해 오다가 갑자기 통제가 있는 군생활을 한다는 것은 누구나 쉬운 일이 아닙니다. 특히 사회에서는 동생뻘 되는 사람이 단지 군에 몇 주 전에 입대했다는 것 때문에 고참행세를 할 때에는 아니꼬운 마음도 들 것입니다.

그러나 이러한 문제를 가지고 혼자 고민하기보다는 상담을 통해서 해결하려고 하는 김 이병의 용기를 먼저 칭찬해 주고 싶습니다. 저는 김 이병의 고민을 해결하기 위해 몇 가지를 제안하고 싶습니다.

강하고 담대하라

첫째, 군조직의 특수성을 이해해야 합니다.

군대가 계급사회라고 하는 것은 삼척동자도 아는 사실입니다. 특히 여러분같이 사병인 경우에 군대의 계급이라는 것은 나이의 많고 적음이나, 지식의 많고 적음, 그리고 빈부격차에 의해 결정되는 것이 아닙니다. 누가 먼저 군대에 들어왔느냐에 따라서 결정이 되는 것입니다.

그리고 군대는 명령과 직책에 따라서 상명하복을 하게 되어 있습니다. 일단 계급이 낮으면, 나보다 계급이 높은 사람의 명령을 따라야 되는 것입니다. 아무리 나이가 많아도 그것만을 내세우면서 자신을 남보다 더 우대해 주기를 바란다면, 계급은 별 의미를 갖지 못할 것입니다. 뿐만 아니라 그것은 김 이병에게 계속적으로 고통스러운 일이 될 것입니다. 그러므로 군대라고 하는 곳은 나이보다도 계급이 더 우선적으로 적용되는 곳이라는 사실을 받아들여야 합니다. 만약에 그것을 부정하게 되면, 군생활의 스트레스는 군생활이 끝날 때까지 계속될 수도 있습니다.

둘째, 문제의 핵심을 잘 파악해 보십시오.

상급자가 김 이병에게 간섭을 한다고 했는데, 그것에 대해서 냉철하게 인식할 필요가 있습니다. 김 이병에게 상급자가 간섭을 하는 이유가 무엇인지, 나에게만 그런지, 아니면 다른 하급자에게도 그런지를 분명히 파악해야 합니다. 그리고 김 이병은 상급자가 간섭을 한다고 했는데, 그것이 정말 간섭의 범주에 속하는 것인지, 아니면 상급자로서 정당한 지시와 명령을 하는지에 대해서도 분명하게 알아야 합니다. 김 이병이 느끼기에는 상급자의 간섭이라고 할지 몰라도, 상급자의 입장에서는 새로 들어온 신병들에게 당연하게 해야 될 일이라고 생각되

군생활의 위기와 상담 I

는 것들일 수도 있기 때문에 그렇습니다. 그래서 김 이병 자신에게 문제가 있다면, 스스로 그 점을 고쳐야 해결이 될 것입니다.

김 이병에게 스트레스를 주는 사람이 모든 사람에게도 마찬가지로 행동한다면 그것은 그 상급자에게 문제가 있는 것입니다. 그리고 단순히 상급자로부터 스트레스를 받는다는 것 때문에 부대로부터 벗어나고 싶은 충동을 갖는다는 것은 김 이병의 앞날을 위해서 대단히 위험한 생각입니다. 잠시잠깐 상급자나 부대로부터 벗어날 수 있을지 몰라도, 그러한 행동은 자칫 김 이병의 인생에 결정적인 오점을 남길 수도 있기 때문에 이성적인 판단을 잃지 않도록 하십시오.

셋째, 선임병과 솔직하게 대화하는 시간을 가져 보십시오.

물론 그렇게 하기가 쉬운 일은 아닙니다. 거기에는 대단한 용기가 필요합니다. 혹시나 혹 떼려다가 혹 붙이는 것은 아닐까 하는 염려도 있을 것입니다. 그러나 그러한 문제는 혼자 고민한다고 해결되는 것이 아닙니다. 우선 김 이병을 괴롭히는 상급자와 자신이 고민하는 문제를 놓고 이야기할 수 있는 좋은 시간이 언제인지 잘 포착을 하십시오. 그리고 김 이병의 솔직한 마음을 털어놓으십시오. 만약에 김 이병의 태도에 문제가 있다면, 그것이 무엇인지 지적해 달라고 해보십시오. 자존심이 허락하지 않을지도 모르겠습니다. 그러나 자존심만을 생각하다 보면 근본적인 문제를 해결하지 못할 때가 있습니다. 현재 고통을 당하는 것은 김 이병 자신입니다.

그러므로 이 문제의 해결은 김 이병의 태도에 달려 있다고 볼 수도 있습니다. 상급자가 성격적으로 문제가 없는 이상 김 이병의 진지한 대화 태도에 따라서 상급자의 대화의 태도도 달라질 수 있을 것이라고

강하고 담대하라

생각됩니다. 그러한 김 이병의 노력이 있음에도 불구하고 문제가 해결
되지 않는다면 부대의 간부님이나 군종목사님께 구체적으로 상담을 요
청해서 도움을 받도록 해보십시오.

군생활의 위기와 상담 Ⅰ

허송세월 하는 것 같습니다

Q 목사님! 저는 신병교육대에서 교육을 받고 있는 허 이병입니다. 앞으로 26개월 동안 군생활 할 것을 생각하니 까마득하기만 합니다. 군복무를 미리 마친 선배님들에 따르면, 군대생활은 성공적인 인생을 위해서 반드시 필요한 과정이라는 사람이 있는가 하면, 군생활은 허송세월 하는 것이니 요령껏 하라고 충고하는 선배들도 있었습니다. 그래서 그런지 저는 요즘 군생활하는 기간이 아깝다는 생각이 듭니다. 물론 국방의 의무를 해야 한다는 그 자체만으로도 의미가 있기는 하지만, 군입대 면제를 받은 친구나 공익요원에 비하면 손해를 보는 것 같은 생각입니다. 제가 어떤 마음의 자세로 군생활에 임해야 할지 도움의 말씀을 부탁드립니다.

A 허 이병의 심정을 이해할 것 같습니다. 아마도 군에 들어오는 많은 장병들이 허 이병과 같은 생각을 한 번쯤은 해보았을 것입니다. 지식의 욕구가 왕성할 뿐 아니라, 인생의 꿈과 비전을 이루기 위해서 정진해야 할 시기에 군복무를 한다는 것이 힘이 들고 때로는 세월이 아깝다는 생각이 들 수도 있습니다.

그러나 의무복무를 해야 되는 한국적인 상황 속에서 자기만을 생각하는 젊은이들의 생각은 대단히 이기주의적인 생각이 아닐 수 없습니다. 개인의 발전만을 생각하는 이기주의 때문에 이 나라의 젊은이들이

강하고 담대하라

국가안보의 역군으로서 사명을 도외시한다면 이 나라의 장래는 불을 보듯 뻔한 노릇입니다. 요즈음은 일부 군복무를 면제받는 사람들 중에 자신을 '신의 아들'이라고 자랑스럽게 말하는 세대가 되었으나, 이는 참으로 부끄러운 일입니다. 그러므로 이 지면을 통해 군생활이 허 이병에게 어떤 의미가 있는지 몇 가지로 말씀드리고자 합니다.

첫째, 군복무가 허송세월 하는 것이라고 말하는 선배들의 지난날 군생활이 의심스럽습니다. 그들은 분명히 국가에 대한 충성과는 거리가 멀었을 것이고, 각종 훈련시에는 어떻게 해서든지 편하고 쉽게 지나가려고 온갖 요령을 피웠을 것입니다. 그뿐 아니라 선임병이 지시한 일에 대해서 뺀질거리다가 동료들에게 따돌림을 받았거나 인정을 받지 못하는 힘든 군생활을 했을 것입니다.

그런 식으로 군생활을 마친 사람이라면 사회생활에서도 결코 성실할 수 없을 것이며, 성공적인 직장생활을 해나갈 것이라는 보장이 없습니다. 군생활을 먼저 마친 일부 선배들이 '군생활은 허송세월 하는 것이다'라고 말하거나, '국방부 시계는 거꾸로 매달아 놓아도 돌아가니 그저 몸조심만 하고 오라'고 한다거나, '어떤 수단과 방법을 동원해서라도 군대를 면제받을 수 있다면 그렇게 하라'고 충고(?) 하는 사람들도 있을지 모릅니다. 그러나 그와 같이 군대를 부정적으로 보는 사람은 군생활의 실패자임에 틀림이 없을 것입니다. 그리고 군생활에 실패한 사람이 사회생활에서 성공한다는 것은 생각할 수 없는 일입니다. 더 나아가 남북이 대치하고 있는 상황 속에서 조국의 안보를 염려하기보다 자신의 앞날만 생각하는 자는 분명 이기주의에 얽매여 있는 사람일 것입니다. 그러므로 대한민국의 남자로 태어나 군대에 가야 되는 안보

군생활의 위기와 상담 Ⅰ

상황과 당위성을 인정하고 받아들여야 합니다. 조국과 민족을 위해, 또한 후방에 계신 부모형제를 위해 한 알의 밀알이 되어 헌신하고 있다는 분명한 가치관이 필요하다는 말입니다.

둘째, 대한민국의 남자로서 군복무를 할 수 있다는 것은 대단히 자랑스러운 일입니다. 우선 건강한 신체를 갖지 못하면 결코 현역복무를 할 수 없기 때문입니다. 그리고 건전한 정신과 사상이 없어도 군복무를 할 수 없습니다. 군복무 면제를 위해 일부러 신체의 일부를 절단하거나 수술하는 사람도 있습니다. 그런 비뚤어진 생각을 가지고서는 결코 인생의 성공자가 될 수 없습니다.

저는 얼마 전에 현역으로 지원한 것을 자랑스럽게 생각하는 이등병의 글을 본 적이 있습니다. 모부대에 근무하는 김 이병은 영장을 받은 다음에 자신이 다니던 회사에 사직서를 제출하고, 방위산업체를 찾아 나섰습니다. 며칠 만에 여러 군데의 방위산업체에서 전화가 왔습니다. 자신의 회사로 입사하면 여러 가지 특별대우를 해주겠다는 것이었습니다. 그래서 한 곳을 정한 다음에 신고를 하기 위해 동사무소에 찾아갔습니다. 마침 그곳에 아주머니 한 분이 동사무소로 들어오시더니 방위산업체 신고를 취소하러 오셨다며 이렇게 말씀합니다. "이 놈의 자식 기껏 키워 놓았더니, 군대 안 들어 가려고 별짓을 다해 어미 속을 썩힌다니까!" 그 말을 듣고 현역근무를 회피하려고 했던 자신이 부끄러워졌다고 합니다. 그래서 신고하려던 서류를 슬그머니 구겨서 쓰레기통에 버리고, 현역으로 지원했다는 것입니다. 이처럼 현역으로서 근무하겠다는 그 생각만으로도 그는 국가를 위해 충성하는 것입니다. 결코 허송세월을 하는 것이 아닙니다.

강하고 담대하라

　셋째, 군생활은 장차 허 이병이 인생을 살아가는 데 소중한 밑거름이 될 것입니다. 군에 갓 입대한 병사로부터 전역하는 병사에 이르기까지 그들을 통해서 저는 군생활의 유익함에 대한 여러 가지 이야기를 듣곤 합니다. 어떤 병사는 처음으로 부모님 곁을 떠나온 후에 어머님과 아버님이 보고 싶고, 또 형과 여동생이 보고 싶었다고 합니다. 그러한 경험을 통해서 자신은 가족의 소중함을 깨달았으며, 평소에 부모님의 마음을 편안하게 해드리지 못했던 자신을 후회하면서, 앞으로 전역을 하게 되면 효자가 되어야겠다고 다짐을 했다는 것입니다. 또한 전국 각지에서 모여든 젊은이들이 처음으로 접하는 계급사회 속에서 내무생활을 하면서 갈등을 겪기도 하고, 병영생활에 적응하려고 하는 노력을 통해서 대인관계, 협동과 양보, 그리고 질서를 배우게 됩니다. 뿐만 아니라 혹한기 훈련이나 유격훈련 같은 각종 훈련을 통해서 체력단련은 물론 인내와 극기를 배우게 될 것입니다.

　이와 같이 26개월의 군복무을 마치고 전역을 하게 되는 병사들은 나름대로 군생활을 통해서 많은 것을 배우고 나갑니다. 그러한 것들은 앞으로 사회생활을 할 때에 꼭 필요한 자산이 되는 것입니다. 군생활의 실패는 사회생활의 실패요, 군생활의 성공은 인생에서도 성공이라는 사실을 잊지 마십시오.

군생활이 불안하기만 합니다

Q 목사님! 저는 신병교육대에 입소한 지 며칠밖에 안되는 김 이병입니다. 군에 들어오기 전에는 몰랐는데, 입대 후에는 마음이 불안해졌습니다. 고된 훈련을 잘 받을 수 있을지 걱정이 됩니다. 또한 어느 부대로 보직이 될 것인지 그리고 어떠한 상급자를 만날 것인지 이런 저런 생각 때문에 마음이 불안합니다. 전에는 이처럼 마음이 불안해 본 적이 없었던 것 같습니다. 남들도 다 받는 훈련이기 때문에 시간이 지나면 괜찮을 것이라는 막연한 기대도 있지만, 그렇다고 불안한 마음이 완전히 없어지지는 않습니다. 목사님! 어떻게 하면 이러한 불안에서 벗어날 수 있는지 도와주십시오.

A 김 이병의 마음을 충분히 이해할 것 같습니다. 아마 김 이병뿐 아니라 모든 훈련병들이 같은 심정일 것이라는 생각이 듭니다. 사실 갑작스러운 환경의 변화 때문에 마음이 불안하게 되었다는 것은 어떻게 보면 자연스러운 현상입니다. 이러한 것은 사람뿐 아니라 심지어 동물들의 세계에서도 마찬가지입니다. 그러므로 그런 불안한 마음이 김 이병 혼자에게만 있는 잘못된 감정이 아니라는 것을 먼저 알아야 합니다.

롤로 메이(Rollo May)라는 심리학자에 의하면, 불안의 원천에는 두 가지가 있다고 합니다. 하나는 '밖으로부터 오는 위협'인데, 이는 환경

강하고 담대하라

의 변화로부터 오는 것을 의미합니다. 사회와는 여러 가지로 다른 군대라는 환경에 접하게 되었을 때에, 특히 고된 훈련을 받아야 하는 부담감이 김 이병을 불안하게 하는 첫번째 원인이 되는 것입니다. 다른 하나는 '안으로부터 오는 위협'입니다. 이는 미래에 대한 불확실성이나 가치관의 혼란, 심지어는 삶의 무의미에서 오는 심리적인 불안입니다. 훈련을 마치고 앞으로 어떤 부대에서 어떤 상급자를 만날 것인가 하는 염려가 김 이병을 불안하게 하는 두 번째 원인이 되는 것입니다. 이렇듯 '안팎'으로부터 오는 위협이 불안의 원인이기는 하지만, 이것들에 대해서 어떠한 태도를 취하느냐가 중요합니다. 불안의 원인에 대처하는 방식에는 그 사람이 가지고 있는 가치관에 따라 여러 가지 반응이 있을 수 있습니다. 이제 김 이병이 불안해하는 것들과 관련하여 몇 가지 조언을 하고 싶습니다.

첫째, 군생활에 잘 적응할 수 있을 것인가에 대한 불안은 시간이 흐를수록 점점 더 약화될 것입니다. 사람에게는 새로운 환경에 익숙해지는 적응능력이 선천적으로 주어져 있습니다. 그래서 시간이 흐르게 되면 김 이병도 신병으로서 군생활을 어떻게 해야 할 것인가에 대한 적응력과 지혜가 생기게 될 것입니다. 그렇게 되면 김 이병이 느끼는 불안의 정도는 지금보다 훨씬 더 감소될 것입니다.

김 이병뿐 아니라 누구든지 처음 하는 일이나 처음 접하게 되는 환경 속에서는 불안하게 되어 있습니다. 이는 마치 초보 운전자가 운전을 할 때에 불안을 느끼는 것과 같습니다. 처음 운전을 하는 사람은 차를 몰고 시내에 나간다는 자체가 부담이 됩니다. 특히 교통량이 많은 곳을 지나거나 다른 차가 끼어들 때에는 더욱더 안절부절못하게 됩니다. 그러나 운전경험이 늘어나게 되면 초보시절의 불안했던 마음이 변하여 점점 자신감이 생기게 되는 것입니다. 이와 같이 지금 김 이병이 느끼는 불안도 군생활에 점점 익숙해지면 없어지는 것이기 때문에 너무 염려하지 않아도 될 것입니다.

둘째, 앞으로 어느 부대에 보직이 되고 어떤 상급자를 만날 것인가에 대한 불안의 문제입니다. 사실, 사람이 앞날을 알지 못하는 것처럼 불안한 일도 없습니다. 혹시라도 가장 힘든 부대로 보직이 되지 않을까 혹은 성격이 고약한 선임자를 만나지는 않을까 하는 염려가 김 이병의 마음을 불안하게 할 수도 있습니다.

어떤 심리학자가 이러한 연구발표를 했습니다. 인간이 염려하고 걱정하는 것의 92%는 전혀 걱정하지 않아도 될 것이라는 것입니다. 대부분의 사람들은 확률적으로 전혀 이루어지지 않을 것을 가지고 걱정하는가 하면, 또 어떤 이는 이미 지나가 버린 일들을 가지고 염려를 하고, 어떤 이는 근심한다고 해서 해결될 것도 아닌 것 때문에 고민한다는 것입니다. 결국, 사람이 진정으로 고민하고 염려해야 할 것은 8%밖에 되지 않는다는 것입니다. 지금 김 이병이 염려하고 불안해 하는 것은 미래적인 것입니다. 혹시라도 그렇게 될까봐 불안해 하고 있는 것뿐입니다. 그러므로 굳이 미래적인 일들을 마치 현재 일인양 불안해 하고 걱정할 필요가 없습니다. 오히려 김 이병이 생각하는 것보다 더 좋은 상급자를 만날 수도 있습니다. 혹시 어려운 상급자를 만난다 하더라도 그것은 대인관계의 문제입니다. 상급자와 하급자간의 대인관계는 내가 어떻게 하느냐에 따라서 얼마든지 좋은 관계로 발전할 수도 있는 것이기 때문에 지금부터 염려할 필요는 없다고 봅니다.

강하고 담대하라

　셋째, 김 이병의 불안은 도우시는 하나님을 의지함으로써 극복할 수 있습니다. 시편 43편 5절에 보면 "내 영혼아, 네가 어찌하여 낙망하며 어찌하여 내 속에서 불안하여 하는고. 너는 하나님을 바라라. 나는 내 얼굴을 도우시는 내 하나님을 오히려 찬송하리로다."는 말씀이 있습니다. 이는 하나님께서 불확실한 미래 속에서, 향방을 알 수 없는 미지의 진로 속에서 하나님의 백성들을 도와주시겠다는 것입니다. 미래에 대한 두려움을 이겨낼 수 있는 유일한 방법은 바로 그분의 신실하심에 대한 나의 신뢰를 재확인하는 것뿐입니다. 시편 23편 4절에서 다윗도 "내가 사망의 음침한 골짜기로 다닐지라도 해를 두려워하지 않을 것은 주께서 나와 함께 하심이라. 주의 지팡이와 막대기가 나를 안위하시나이다."라고 고백했습니다. 다윗도 언제 어디서 사울왕의 손에 죽을지 모르는 그러한 위험 속에 있었지만 결코 두려워하거나 불안해하지 않았습니다.

　이처럼 하나님에 대한 믿음은 미래에 대한 불확실성 때문에 오는 불안을 이겨내는 강력한 무기입니다. 오히려 하나님을 믿는 사람들은 하나님께서 나의 앞길을 어떻게 인도해 주실까에 대한 기대와 소망을 가지게 됩니다. 비록 어렵고 힘든 군생활이기는 하지만, 하나님께서 김 이병을 도우시고 지키신다는 믿음을 가지고 군생활을 잘 적응해 나갈 수 있기를 바랍니다.

Ⅱ. 어려움에 직면했을 때 드리는 기도

Ⅱ. 어려움에 직면했을 때 드리는 기도

2차 대전 가운데 군목 활동을 했던 고(故) 스타이저 박사는 교우들 가운데 전쟁터에서 갓 돌아온 한 젊은 해군 장교에게 이렇게 물었습니다. "전쟁 가운데 가장 기억에 남는 일은 어떤 것이었습니까?" 여기 그의 대답이 있습니다 :

우리는 북대서양의 잠수 지역을 항해하고 있었는데 가까운 해저에 적의 잠수정이 있다는 것을 알게 되었습니다. 물론 우리는 그 위험한 상황에 긴장하고 있었지요. 이른 아침, 내가 관측할 시간은 아니었지만, 그 운명의 날, 나는 동트기 훨씬 전에 일어났습니다. 꼭 함교로 나가 봐야겠다는 느낌이 들어서였지요. 나 역시 두려움을 느끼고 있었으니까요. 우리 배는 유럽으로 가는 만 명의

어려움에 직면했을 때 드리는 기도

병사들을 태운 수송선이었습니다. 나는 함대에 타고 있는 장병들과 그들의 안전에 대하여 막중한 책임감을 느끼고 있었지요.

선장과 함께 함교로 올라간 지 30분쯤 지나자, 태양은 동쪽 수평선에서 이제 막 불그스레 떠오르기 시작했습니다. 우리는 황홀하게 바라보았습니다. 아름다웠습니다. 그 광경을 창을 통해 바라보고 있을 때, 우리는 동시에 그것을 포착했습니다! 어뢰가 하얀 꼬리를 그리며 우리 배를 똑바로 겨냥해 다가오고 있는 겁니다! 엄청난 일이었습니다! 우리의 육중한 배를 돌려 어뢰를 따돌릴 만한 시간이 없었습니다. 선창 안에서 자고 있는 만 명의 병사들을 생각하면서, 선장은 이렇게 소리쳤습니다.

"실제 상황이다!"

내 심장은 순간 멎어 버렸지요. 물론 선장은 전 승무원들에게 전투 배치를 명령했습니다. 그러나 전혀 쓸데없는 짓으로 보였습니다.

그 때 갑자기 아무도 생각조차 하지 못한 일이 벌어졌습니다. 좌현으로부터 구축함이 물살을 가로지르며 달려오고 있었습니다. 이 작은 배의 선장도 우리가 함교에서 본 어뢰를 보았던 것입니다. 나치 잠수정에서 쏜 어뢰가 우리 배의 한가운데를 똑바로 겨

냥하여 다가가고 있는 것도요…….

그 선장은 엔진실에 명령했습니다.

"전 엔진을 우로!"

그는 구축함을 어뢰의 경로에 똑바로 맞추었지요. 그 배는 그대로 충돌하여 그 젊은 선장을 포함한 승무원들과 함께 가라앉았습니다. 그는 그 명령이 자신과 승무원들의 목숨을 잃게 할 것이라는 것을 알았습니다. 그러나 단 일초도 망설이지 않았지요. 그는 만 명이 넘는 타인을 위하여 기꺼이 목숨을 바쳤던 겁니다. 그 선장이 누구냐고요? 그는 나의 가장 친한 친구였습니다!

인간의 평상시 마음은 정삼각형입니다. 정삼각형 마음은 어지간한 바람에는 쉽게 흔들리지 않습니다. 그러나 어느 순간, 광야의 회오리바람처럼, 한여름 밤의 소나기처럼, 위기가 찾아오면 문제는 달라집니다. 그 튼실하던 정삼각형 마음이 순식간에 뒤집혀 역삼각형이 되고 마는 거지요. 그래서 조금만 건드려도 참을 수 없는 분노와 스트레스가 치솟아 올라옵니다. 우울과 좌절, 외로움과 그리움, 그리고 억압된 감정의 응어리들이 한꺼번에 몰려와 견고한 영혼의 성(城)을 송두리째 무너뜨리곤 합니다. 그것이 바로

어려움에 직면했을 때 드리는 기도

생(生)의 위기입니다.

　군생활의 위기도 그렇게 찾아옵니다. 고참병이나 동료들 간의 인간 관계가 꼬이고 맡은 일 때문에 스트레스가 쌓일 때, 성격의 차이를 이해하지 못해 서로 간에 오해가 생길 때, 사귀던 여자친구가 신을 거꾸로 신고 헤어지자는 말을 해올 때, 그리고 아버지가 쓰러지셨다는 급보가 날라들 때, 장병들은 충격과 함께 젊은 날의 위기에 직면하게 됩니다. 그 위기는 또 다른 위기를 불러옵니다. 그러다 보면 자꾸만 군생활이 힘들어지고 삶 자체까지도 부정적으로 바라보게 됩니다.

　‘어디서 나의 도움이 오는가!’

　그런 위기에 직면하여 좌절과 슬픔과 절망을 먹고 살아가는 이들이 한 가닥 희망의 끈을 발견하고자 오늘도 하늘을 우러러봅니다. 이제 다음에 소개할 자료들은 그런 아픔을 겪고 있는 장병들과 그 주변 사람들이 함께 드릴 수 있는 핵심 기도들입니다.

　“수고하고 무거운 짐진 자들아, 다 내게로 오라!”

　예수님께서 팔을 벌려 여러분을 부르고 계십니다. 지금, 그 고

강하고 담대하라

통의 자리에서, 앞에 계신 여러분의 주님을 바라보십시오. 그분의
사랑 깊은 눈을 들여다보십시오. 그대가 그토록 아파할 때 주님도
눈물을 흘리고 계십니다!

어려움에 직면했을 때 드리는 기도

하나님의 계획 안에서

스바냐 3:17   ＊찬송 524장

사랑하는 하나님, 제가 ○○를 그리워하오니, 저희가 떨어져 있는 동안 그녀/그를 하나님의 친절한 돌봄에 맡겨 드립니다.

저희의 이별이 하나님의 은혜로 인도되는 거룩한 기다림의 시간이 되게 해주십시오. 저희의 삶이 새로운 경험들, 다른 사람들, 그리고 간단한 변화에 접할 때, 저희 영혼의 눈이 하나님의 신실한 지혜 위에 놓일 수 있도록 해주십시오.

저희의 기다리는 시간을 위로해 주시고, 저희가 서로의 삶의 일부이기 때문에 저희 둘 안에 새벽을 넓히고 황혼을 기뻐할 수 있는 마음을 허락해 주십시오. 저희는 흥분 속에서 다시 만날 날을 고대하며, 그것이 하나님의 시간과 하나님의 계획 안에서 일어날 것을 믿습니다. 예수님의 이름으로 기도드립니다. 아멘.

두려움을 이기는 사랑

요한복음 16:33 ＊찬송 462장

주님, 주님께 간구하오니,
앞날에 대한 두려움에서 저를 구해 주십시오.
실패에 대한 두려움,
가난에 대한 두려움,
사랑하는 사람을 잃을지도 모른다는 두려움,
외로움에 대한 두려움,
질병에 대한 두려움,
나이 들어가는 것에 대한 두려움,
전쟁에 대한 두려움,
사망에 대한 두려움에서 저를 구원해 주십시오.
하나님, 은혜로 저를 도우시어,
하나님만을 사랑하고 경외하게 하시며,
제 마음에 아름다운 향기와
하나님에 대한 사랑의 신뢰를 채워 주십시오.
우리 주 예수 그리스도의 이름으로 기도드립니다. 아멘.

마음의 비밀

에베소서 4:32   ＊찬송 458장

사랑하는 주님, 제 마음이 왜 이럴까요? 이러면 안되는데 싶으면서도 도무지 참을 수가 없습니다. 왜 저 사람이 나한테 이러는가 생각하면 할수록 괘씸해집니다. 분통이 터지고 잠도 오지 않습니다. 밥맛도 없고 도무지 일이 손에 잡히지 않습니다.

주님, 저를 굽어살펴 주십시오. 제 마음을 어루만져 주십시오. 저는 할 수 없으나 주님은 하실 수 있사오니, 부디 제가 마음의 평정을 찾게 해주십시오. 저는 분노라는 단어가 되레 나에게 상처를 입혀, 이 감정을 붙잡고 있을수록 고통스러워질 뿐임을 잘 알고 있습니다. 사랑하는 주님, 이제 그를 위해서, 그리고 나아가 저를 위해서 용서라는 단어를 떠올리게 해주십시오. 제가 남을 용서하기 전에 주님이 저를 용서하신 것을 기억하게 해주십시오. 하찮은 것들에 더 이상 맘쓰지 않게 해주십시오. 도우시어, 용서하고 잊어버리게 해주십시오. 마음이 고요해짐으로 만물이 새로워짐을 느끼게 해주십시오. 주님의 은총을 기다리며, 우리 주 예수 그리스도의 이름으로 기도드립니다. 아멘.

소란스런 영혼

마태복음 5:44 *찬송 484장

오, 나의 주님,
우울하고, 불안하고,
화가 머리끝까지 치밀어 오르는 기분이
저를 사로잡을 때,
이렇게 묻게 해주십시오.
"오, 나의 영혼아,
너는 어찌하여 그리 무거우며,
너는 어찌하여 내 안에서 그리 소란스러우냐?"
대답을 주시어 내 기분의 원인을 깨닫고
그것을 쫓아내게 하시어,
제가 제 상처를 용서하고
주님만을 바라게 해주십시오.
예수 그리스도의 이름으로 기도드립니다. 아멘.

낮이 기울어 밤이 되듯이

빌립보서 4:6-7 *찬송 455장

낮이 기울어 밤이 되듯이, 주님, 종종 즐거움도 잠깐 지난 뒤, 제 마음은 기울어 우울해집니다. 모든 것이 재미없어 보이고, 모든 행동이 짐처럼 느껴집니다. 사람들이 웅성대나 듣고 싶지도 않고, 사람들이 노크하나 들리지 않습니다. 제 마음은 부싯돌처럼 단단합니다. 그럴 때면 저는 들로 나가 명상을 하고, 성경을 읽는가 하면, 주님께 드리는 편지에 저의 심층적인 생각을 적어 봅니다.

사랑의 주님, 그러면 갑자기 주님의 은혜가, 광명 속에서 어둠을 깨트리고, 짐을 들어올리며, 긴장을 누그러뜨립니다. 곧 한숨이 변하여 눈물이 되고, 그 눈물 바다에서 하늘의 기쁨이 저를 뒤덮습니다. 할렐루야!

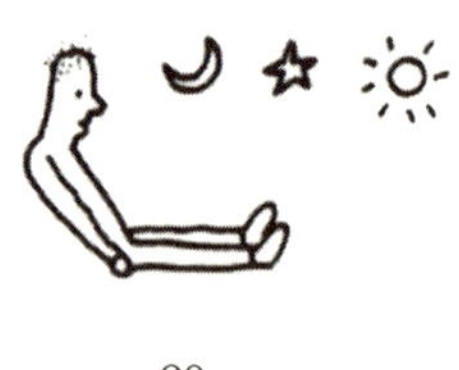

강하고 담대하라

약함의 깊이

시편 54:4 ✳ 찬송 93장

오, 나의 하나님,
하나님만이 저희 약함의 깊이를 살피시고,
하나님만이 저희를 치유하실 수 있습니다.
저희의 두 눈을 전지전능하신 성부 하나님께,
그리고 용기있는 고난 속에서 저희의 모본이 되신
하나님의 성자께 돌릴 수 있도록 해주십시오.
그분께서 십자가에 못박히셨기에,
저희는 고난이 축복으로 바뀔 수 있음을 알게 되었습니다.
주 예수 그리스도여,
주님은 살아 있는 이들을 위한
건강한 영혼의 유일한 근원이십니다. 아멘.

이제 다시 일어나

야고보서 5:16 *찬송 89장

그리스도여, 저에게 힘을 주십시오.

저의 건강이 좋지 않습니다.

고통 때문에,

주님을 찬양하던 입술도 잠잠해져 버렸고,

말문도 막혀 버렸습니다.

주님을 찬양할 수 없는 게 견딜 수 없습니다.

오, 저를 다시 건강하게 해주시고, 온전하게 하시어,

다시 주님의 위대하심을 선포하게 해주십시오.

저를 버리지 마십시오, 제발 빕니다.

이제 다시 일어나 주님을 섬기게 해주십시오.

예수님의 이름으로 기도드립니다. 아멘.

강하고 담대하라

죽은 이도 살리시고

시편 39:13　＊찬송 94장

　주님, 거룩한 성부이시며, 우주를 창조하시고, 그 운행 법칙을 만드신 이여, 주님께서는 죽은 이를 살리실 수도 있고, 아픈 이를 치유하실 수도 있습니다.

　저희의 아픈 형제와 자매를 위하여 기도하오니, 아픈 곳마다 안수하시는 주님의 손길을 그들이 느끼게 하시고, 몸도 새로워지고 영혼도 새로워질 수 있도록 해주십시오. 주님께서 주님의 피조물을 붙드시는 그 사랑을 그들에게도 보여 주십시오.

　특별히 죄책감의 그늘에서 신음하는 저희에게 다가오시어 저희의 고백을 들으시고 용서하시며 앞으로는 밝고 건강한 삶을 허락하여 주십시오. 예수님의 이름으로 기도드립니다. 아멘.

탄원할 자격마저 없지만

시편 41:3　＊찬송 528장

오, 지극히 위대하신 하나님, 자비하신 성부여, 저희가 가장 겸손한 마음으로 간청합니다. 하나님께서 기뻐하시는 일이라면, 지금 병상에 누워 있는 형제/자매와 우정을 계속 나눌 수 있도록 해주십시오. 저희 믿음의 깊이를 보시어 그가 저희 곁에 좀더 머무르게 해주십시오. 저희가 그를 상실하고, 구원의 기회마저 상실한 것은, 실로, 저희의 배은망덕 때문입니다. 저희는 이렇게 탄원할 자격마저 없지만, 하나님의 자비하심이 모든 것 위에 있습니다.

비오니, 저희의 간절하고 겸허한 열심을 헤아리시어, 하나님의 영광을 가리는 일이 아니라면, 저희의 기도를 들으시고, 그를 죽음의 문에서 되돌려 주십시오. 그가 변을 당하지 않고 살아서, 하나님께는 영광이요 저희에게는 위로가 되게 해주십시오.

주님, 저희가 이 땅에서 고통스러워하지 않고 슬퍼하지 않도록 그것들을 저희에게서 물리쳐 주십시오. 하나님께서 그에게 커다란 도움을 베푸시고, 저희 가운데 가장 좋은 것을 허락하셨습니다. 어찌 저희가 그를 상실할 리가 있겠습니까? 하나님의 기쁨을 빼앗을 자 과연 누구이겠습니까?

비오니, 그런 일이 절대 없도록 해주십시오. 비오니, 하나님께서 기뻐하실 수만 있다면, 저희의 사랑하는 형제/자매를 저희에게 다시 돌려주시고, 그에게 건강을 다시 돌려주십시오. 예수님의 이름으로 기도드립니다. 아멘.

어려움에 직면했을 때 드리는 기도

마음에 근심하지 말라

요한복음 14:1　＊찬송 432장

　부활이요 생명이신 주님, 주님께서는 마음에 근심하지 말라고 하셨지요. 하나님을 믿으니 또 주님을 믿으라고 하셨지요. 주님께서 저에게 평안을 끼치시니 이 힘든 군생활 속에서도 숨쉬는 순간순간이 무척이나 행복합니다. 주님의 평안은 세상이 주는 것 같지 아니하니, 제 마음엔 근심도 없고, 두려움도 없습니다. 부디 성령 안에서 이 평안을 길이길이 누리게 해주십시오.

　길이요 진리요 생명이신 주님, 주님 가신 그 길을 제가 알고 있습니다. 주님으로 말미암지 않고는 성부 하나님께로 갈 수 없음도 알고 있습니다. 저에게 담대한 믿음을 주시어, 모든 근심과 걱정을 십자가 밑에 내려놓고, 길 되신 주님만을 따르게 해주십시오. 예수 그리스도의 이름으로 기도드립니다. 아멘.

오직 마음을 새롭게 함으로

로마서 12:1-2   *찬송 474장

존귀하신 하나님,
이 시간 제 몸을 하나님이 기뻐하시는
거룩한 산 제사로 드립니다.
이는 저의 드릴 영적 예배입니다.
제가 사는 날 동안,
이 세대를 본받지 말고,
오직 마음을 새롭게 함으로 변화를 받아,
하나님의 선하시고 기뻐하시고 온전하신 뜻이
무엇인지 분별하도록 해주십시오.
예수님의 이름으로 기도드립니다. 아멘.

이루 다 말할 수 없는 탄식으로

로마서 8:26-28 ＊찬송 483장

전능하신 하나님, 성령을 저에게 보내 주시어, 저의 약함을 도와주시니 감사합니다. 저는 어떻게 기도해야 할 것도 알지 못하지만, 성령께서 친히 이루 다 말할 수 없는 탄식으로, 저를 대신하여 간구하여 주시니 감사합니다.

사람의 마음을 꿰뚫어 보시는 하나님, 하나님께서는 성령의 생각이 어떠한지를 아시지요? 성령께서, 하나님의 뜻을 따라, 성도를 대신하여 간구하심을 아시지요?

저는 하나님을 사랑하는 사람들, 곧 하나님의 뜻대로 부르심을 받은 사람들에게는, 모든 일이 서로 협력해서 선을 이룬다는 것을 믿습니다. 아멘.

내가 너희를 쉬게 하리라

마태복음 11:28-30 *찬송 467장

주님,
곤하고 지친 이 몸,
주님의 날개 아래 깃들고 싶습니다.
"수고하고 무거운 짐진 이들아, 다 내게로 오라.
내가 너희를 쉬게 하리라.
나는 마음이 온유하고 겸손하니,
나의 멍에를 메고 내게 배우라.
그러면 너희 마음이 쉼을 얻으리니,
이는 내 멍에는 쉽고 내 짐은 가벼움이라."
주님,
곤하고 지친 이 몸,
주님의 품 안에 안기고 싶습니다.
우리 주 예수 그리스도의 이름으로 기도드립니다. 아멘.

이방인

이사야 58:9　＊찬송 88장

　하나님, 하나님이 기도 가운데 부르짖는 이들에게서 멀찍이 계시는, 이방인이 결코 아니시라는 말을 수도 없이 들어온 저입니다.

　하나님, 그 말이 참되다는 것을 제가 지금 삶 속에서 보고 알게 해주십시오. 제가 마음 깊은 데서, 하나님의 성자, 예수 그리스도, 저의 구세주를 인정할 수 있는 믿음과 기쁨을 주십시오.

　제가 수용적이고 개방적인 사람이 되어, 아빠의 손에서 빵을 받아 떼는 아이들처럼 하나님의 나라를 받아들이게 해주십시오. 하나님의 평화 안에서, 이 세상 다하는 날까지 하나님과 함께 편히 살게 해주십시오. 그리스도이신 예수님의 이름으로 기도드립니다. 아멘.

강하고 담대하라

아버지 없는 이들의 아버지

요한복음 14:18 *찬송 413장

좋으신 예수님,
아버지 없는 이들의 아버지가 되시며,
외로운 이들의 하나님이 되어 주시는 이여,
외로움을 통하여
주님과 함께
홀로 있을 수 있는 법을 가르쳐 주십시오.
좋으신 예수님,
은밀한 마음을 향하여 말씀하시는 이여,
외로움이 제 영혼 안에서
주님의 현존이 되게 해주십시오.
우리 주 예수 그리스도의 이름으로 기도드립니다. 아멘.

어려움에 직면했을 때 드리는 기도

몸은 천근만근, 마음은 근심걱정

요한복음 14:27 ＊찬송 513장

주님, 삶의 숨결이 소진되어 버린 것 같습니다. 몸은 천근만근, 마음은 근심걱정, 살 맛도 없고, 기력도 없습니다. 두려움도 가라앉힐 수가 없고, 팔다리도 마비된 것 같습니다. 암울한 생각만이 머릿속을 헤집고 다니며, 그것들을 물리칠 힘마저 떨어져 버렸습니다.

귀리나무가 바람에 일격을 당했다 한들, 지금 우울의 폭풍이 제 영혼을 강타한 것과 같겠습니까? 배가 파도에 세차게 흔들거렸다 한들, 지금 제 영혼이 비참함으로 요동치는 것과 같겠습니까? 집의 기초가 무너졌다 한들, 지금 제 자신의 삶이 잿가루처럼 바스라지는 것과 같겠습니까?

친구들의 발길이 뚝 끊어진 지 오래입니다. 주님께서는 제 영적 형제들마저 멀리 흩어 버리셨습니다. 지금 저는 주님의 교회로부터 버림받은 몸입니다. 더 이상 꽃들은 절 위해 피지 않습니다. 더 이상 나무들은 절 위해 낙엽지지 않습니다. 더 이상 새들은 제 창문에서 노래하지 않습니다. 동료 그리스도인들은 저를 어리석은 죄인이라 경멸합니다.
　주님, 제 영혼을 드높여 주시고, 제 몸을 소생시켜 주십시
오. 예수 그리스도의 이름으로 기도드립니다. 아멘.

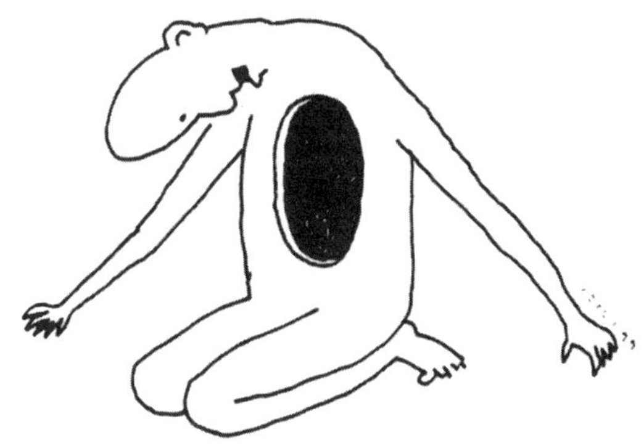

어려움에 직면했을 때 드리는 기도

살아 있다는 생생한 느낌으로

야고보서 1:12　＊찬송 465장

하나님,
지금 고통 중에서
하나님의 손길을 바라고 있습니다.
긍휼을 베푸시어
저의 생각과 눈물과 아픔을 헤아려 주십시오.
삶의 고단함과 의미 없음을 치료해 주십시오.
살아 있다는 생생한 느낌으로
순간에 최선을 다하는 당당한 모습을 심어 주십시오.
모든 사람이 인정하고 존경하는
아름다운 성품을 허락해 주십시오.
삶의 용기를 지니고
오히려 약한 이웃을 섬기게 해주십시오.
길이요 진리요 생명이신
예수님의 이름으로 기도드립니다. 아멘.

아픔의 자국이 깊어 갈지라도

고린도전서 10:13　＊찬송 91장

　온갖 신비를 지니신 위대하신 하나님, 절대 절망의 현실 속에서 저의 생각이 헛돌고 놀란 새들처럼 저의 말이 헛나올 때, 저에게 고요함을 가져다 주시어 두 손을 모으고 제 마음의 슬픔을 덮을 수 있도록 해주십시오. 저에게 은혜를 주시어 하나님을 조용히 인내하며 받들 수 있도록 해주십시오.

　하나님께서는 제가 아는 것보다도 더 제 가까이 계시며, 제가 상상하는 것보다도 더 가까이 계십니다. 제가 하나님을 발견할 수 없다면, 그것은 제가 아주 먼 곳에서 찾고 있기 때문입니다. 제가 아픔을 느끼기 전에 하나님께서 아파하셨고, 무거운 짐이 저를 내리누르기 전에 하나님께서 그것을 걷어치우셨으며, 슬픔으로 저의 마음이 암울해지기 전에 하나님께서는 먼저 슬퍼하셨습니다.

　하나님께서는 어둠의 골짜기에서도 계시므로, 저의 선한 목자가 되시어 제가 하나님과 동행하는 동안 돌보심으로써, 제가 연약함 가운데 넘어지지 않도록 해주십시오. 비록 아픔

105

의 자국이 깊어 갈지라도, 늘 하나님께서 바라시는 길을 걷게
해주시고, 저를 이끄시어 온갖 위험을 지날 수 있도록 해주십
시오. 예수 그리스도의 이름으로 기도드립니다. 아멘.

강하고 담대하라

눈보다 더 희게

요한1서 1:9-10　＊찬송 213장

　주님, 주님의 한결 같은 사랑으로, 제게 자비를 베풀어 주십시오. 주님의 긍휼을 베푸시어 제 반역죄를 없애 주십시오. 제 죄악을 말끔히 씻어 주시고, 제 죄를 깨끗이 없애 주십시오. 제 반역죄를 제가 잘 알고 있으며, 제가 지은 죄가 언제나 제 앞에 있습니다. 주님께만, 오직 주님께만, 저는 죄를 지었습니다. 주님 눈 앞에서, 제가 악한 짓을 저질렀으니, 주님의 유죄 선고가 마땅할 뿐입니다. 주님의 유죄 선고는 옳습니다. 실로, 저는 태어날 때부터 죄인이었고, 어머니의 태 속에 있을 때부터 죄인이었습니다.

　마음속의 성실과 진실을 기뻐하시는 주님, 제 마음을 주님의 지혜로 가득 채워 주십시오. 우슬초로 제 죄를 정결케 해 주십시오. 제가 깨끗하게 될 것입니다. 저를 씻어 주십시오. 제가 눈보다 더 희게 될 것입니다. 기쁨과 즐거움의 소리를 들려 주십시오. 비록 주님께서 저의 뼈를 꺾으셨어도, 제가 다시 기뻐하며 외치겠습니다. 주님의 눈을 제 죄에서 돌리시

어려움에 직면했을 때 드리는 기도

고, 제 모든 죄악을 없애 주십시오.

아, 하나님, 제 속에 깨끗한 마음을 새로 지어 주시고, 제 안에 정직한 새 영을 넣어 주십시오. 주님 앞에서 저를 쫓아 내지 마시며, 주님의 거룩한 영을 저에게서 거두어 가지 말아 주십시오.

주님께서 베푸시는 구원의 기쁨을 제게 돌려 주시고, 너그러운 영을 보내셔서 저를 붙들어 주십시오. 주님, 제 입을 열어 주십시오. 주님을 찬양하는 노래를 제 입으로 전파하렵니다. 주님은 제물을 반기지 않으시며, 제가 번제를 드려도 기뻐하지 않으십니다. 하나님께서 원하시는 제물은 깨어진 마음임을 확신합니다. 깨어지고 짓밟힌 심령을, 하나님께서는 멸하지 않으실 것입니다. 아멘.

강하고 담대하라

주의 영이 내 안에

스바냐 3:17 ✱ 찬송 349장

주님, 제가 부유하여 자신을 잊지 않게 해주십시오. 제가 가난하여 주님을 잊지 않게 해주십시오. 희망이나 두려움, 즐거움이나 고통, 밖에서 일어나는 일이나 제 안의 연약함 때문에, 내내 의무 행하기를 게을리하지 않게 하시며, 주님 주신 계명의 길을 벗어나지 않게 해주십시오.

오, 주님의 영이 영원히 제 안에 거하시어, 제 영혼이 의롭고 자비로워지며, 정직과 경건으로 충만하게 해주십시오. 확고하고 한결같은 거룩한 뜻을 품게 하시고, 악에게 굴하지 않게 해주십시오. 겸손하고 순종하며, 평화롭고 경건하게 해주십시오. 이웃의 행복을 시샘하지 않게 해주십시오. 이웃의 멸시를 받지 않게 하시며, 멸시를 받을 때라도 온유와 사랑으로 감당하게 해주십시오. 예수 그리스도의 이름으로 기도드립니다. 아멘.

어려움에 직면했을 때 드리는 기도

내 마음이 하나님께 피하고

창세기 1:26-27   * 찬송 453장

하늘에 계신 성부여,
저를 도우시어
제 마음이 하나님께 피하고
하나님을 파트너로 삼게 해주십시오.
제 마음에서 온갖 파괴적이고,
부정적인 생각을 제거하여 주십시오.
저에게 삶의 기쁨과 열정을 주십시오.
저를 도우시어
이 세상에서 저를 기다리고 있는
도전들을 직면하게 해주십시오.
완전한 신뢰 안에서
저의 길을 하나님께 맡기며,
우리 주 예수 그리스도의 이름으로 기도드립니다. 아멘.

하나님의 침묵

빌립보서 4:11   ＊찬송 489장

자비하신 하나님, 주님만이 저의 사정을 가장 잘 아시오니, 저의 비참함을 헤아려 주십시오. 겸손히 비오니, 이 시간 저의 강한 보호막이 되어 주십시오. 견딜 수 없을 정도로 고통을 주지는 마시고, 이 지독한 비참함에서 건져 주시든지, 아니면 하나님의 무거운 손과 날카로운 교정하심을 묵묵히 참을 수 있는 은혜를 주십시오. 바로의 손아귀에서 이스라엘 백성을 구한 것도 하나님의 그 오른손이었습니다.

얼마나 오랫동안 침묵하시렵니까? 영원히 그러시렵니까? 주님, 주님은 은혜로우시다는 것을 잊어 버리셨습니까? 불쾌하신 나머지 사랑어린 친절을 그만 베풀기로 하셨습니까? 더이상 탄원을 받지 않으시렵니까? 주님의 자비가 깨끗이 영원토록 사라져 버리고, 주님의 약속이 완전히 영원토록 끝장나 버린 겁니까? 어찌하여 그토록 오랫동안이나 망설이십니까? 제가 주님의 자비 때문에 절망을 해야 합니까?

하나님, 제발 그런 일이 없도록 해주십시오. 저는 그리스도 예수 안에서 지음받은, 하나님의 작품입니다. 그러므로 하나님이 뜻하시는 모든 일 속에서 저와 함께 해주시고, 하나님께서 뜻하시는 방식대로 고난도 달게 받게 해주십시오. 오직 비옵기는, 그 동안, 저를 하나님의 두 팔로 품어 주시어, 제가 굳건히 설 수 있도록 해주십시오. 예수님의 이름으로 기도드립니다. 아멘.

강하고 담대하라

목마른 사슴의 노래

고린도후서 5:17　＊찬송 409장

아아,
사랑의 하나님,
나의 구주여,
주님은 영원히
감미로운 매력을 가지고 계십니다.
주님은 제 마음의 갈망이시며,
제 지성의 굶주림과 목마름이십니다.
주님을 맛보면 맛볼수록
저의 굶주림과 목마름은 더하고,
주님의 샘에서 마시면 마실수록
제 갈증은 더욱 심합니다.
오십시오, 주 예수시여,
어서어서 오십시오! 아멘!

적당한 좌절

디모데전서 6:6-8 *찬송 359장

주님, 저희로 하여금 너무 행복하게 만들지 마십시오. 행복을 하나님과 바꾸지 않도록 적당한 불행을 주십시오. 주님, 저희로 하여금 너무 풍요롭게 만들지 마십시오. 물질 때문에 정신이 부패하지 않도록 적당한 가난을 주십시오.

주님, 저희로 하여금 너무 권세있는 이로 만들지 마십시오. 하나님을 두려워하는 이가 되도록 적당한 좌절을 주십시오. 주님, 저희로 하여금 너무 건강하게 만들지 마십시오. 축복인 줄 모르고 퇴폐에 몸을 던지지 않도록 적당한 약함을 주십시오.

비오니, 스스로 완벽하게 살기보다 주님 뜻 안에서 고난도 달게 받게 해주십시오. 그래서 행복하거나 불행하거나, 건강하거나 병들거나, 늘 주님만을 바라보게 해주십시오. 언제나 주님만을 섬기게 해주십시오. 예수님의 이름으로 기도드립니다. 아멘.

상처 입은 마음의 치유

시편 37:23-24　＊찬송 363장

오, 만물을 탐구하시되, 하나님의 깊은 것과 인간의 깊은 것까지도 속속들이 살피시는 성령이시여, 비오니, 마음의 병을 앓고 있는 이들이 지닌 성격의 근원들을 꿰뚫어보시어, 그들을 깨끗이 하시고 치유하시며 하나되게 해주십시오.

온갖 기억을 거룩하게 하시고, 온갖 두려움을 물리치시며, 그들이 마음과 뜻을 다하여 주님을 사랑하게 하심으로써, 그들이 건강해지고, 영원히 주님께 영광을 드릴 수 있도록 해주십시오.

악한 세력을 쫓아내시고 인간의 마음을 치유하시는, 우리 주 예수 그리스도의 이름으로 기도드립니다. 아멘.

어려움에 직면했을 때 드리는 기도

쓴 뿌리

잠언 16:3 *찬송 367장

주님, 제가 주님께 소리높여 부르짖습니다. 부르짖는 이 소리를 들으시고, 저에게 귀를 기울여 주십시오. 고난당할 때에, 저는 주님을 찾았습니다. 밤새도록 두 손 치켜들고 기도를 올리면서, 제 마음은 위로를 받기조차 마다하였습니다. 제가 하나님을 기억하면서 한숨을 짓습니다. 주님 생각에 골몰하면서, 제 기운은 쇠약하여 갑니다.

주님께서 저를 뜬눈으로 밤을 지새게 하시니, 제가 지쳐서 말할 힘도 없습니다. 제가 옛날 곧 흘러간 세월을 회상하며 밤새 부르던 제 노래를 생각하면서, 생각에 깊이 잠길 때에, 제 영혼이 속으로 묻습니다. '주님께서 나를 영원히 버리시는 것일까? 다시는, 은혜를 베풀지 않으시는 것일까? 한결같은 그분의 사랑도 이제는 끊기는 것일까? 그분의 약속도 이제는 영원히 끝나 버린 것일까? 하나님께서 은혜를 베푸시는 일을 잊으신 것일까? 그분의 노여움이 그분의 긍휼을 거두어들이신 것일까?'

강하고 담대하라

그 때에 저는 또 이런 생각도 들었습니다. '가장 높으신 분께서 그 오른손을 거두시는 것, 이것이 나의 슬픔이로구나!'

주님, 주님께서 하신 일을 저는 회상하렵니다. 그 옛날에 주님께서 이루신, 놀라운 그 일들을 기억하렵니다. 주님께서 해주신 모든 일을 하나하나 되뇌고, 주님께서 이루신 그 크신 일들을 깊이깊이 되새기겠습니다.

주님, 주님의 길은 거룩합니다. 주님만큼 위대하신 신이 누구입니까? 주님은 기적을 행하시는 하나님이시니, 주님께서는 주님의 능력을 만방에 알리셨습니다. 주님의 백성을 주님의 팔로 속량하셨습니다. 주님의 백성을 양 떼처럼 이끄시는 예수 그리스도의 이름으로 기도드립니다. 아멘.

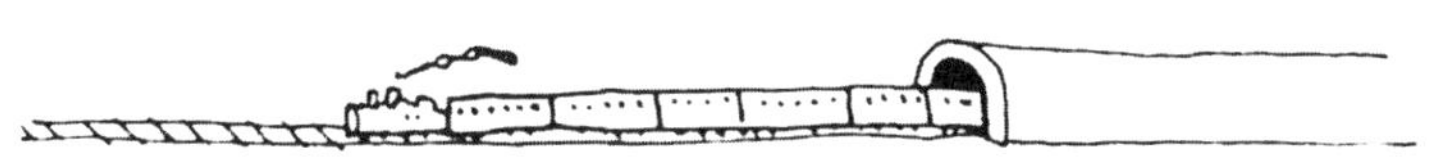

어려움에 직면했을 때 드리는 기도

삶의 의미를 찾아서

이사야 55:6-7 ＊찬송 92장

성부이신 주님, 제 삶의 근본이 되시며 삶의 의미가 되시는 주님이시여, 주님이 아니면 저에게는 삶의 목적도 없고, 의미도 낙도 광명도 없습니다. 주님 안에 삶의 목표가 있으며, 주님이 삶의 의미가 되십니다. 주님께서 제 안에 계심으로 제가 살았습니다. 제가 주님께로 가는 것이 저의 목적이고, 주님과 같이 되는 것이 저의 희망과 즐거움입니다. 지혜있고 훌륭한 이로 사람들에게 알려지기보다는 차라리 미련한 이가 되어 주님 안에 있게 되기를 바랍니다.

죄를 깨닫고 자복하는 이가 될까요, 주님의 사유하심을 증거하는 이가 될까요? 주님의 깊은 뜻을 조금도 모르는 제가 아닙니까? 아시다시피 사람과 가까이 함으로 얻어질 것도 없고 도리어 신앙의 동요 덕에 손상이 있을지언정 도움은 조금도 없습니다. 단지 성부께만 가까이 나아갈 때 담대함과 용기와 능력과 지혜와 덕과 완전과 영생을 얻습니다.

주님, 저에게 회개를 주십시오. 생명 얻는 회개를 주십시

●
강하고 담대하라

오. 주님, 제 가슴에 탄식을 주십시오. 회개를 못해 탄식케 하십시오. 부끄러워할 줄 알게 하십시오. 제 죄를, 진정으로 제 어리석음을 내놓게 하십시오. 제 지혜를 버리게 하십시오. 제 주장 제 고집을 버리게 하십시오.

오직 주님 생각만 받아들이게 해주십시오. 주님만 모셔들이게 해주십시오. 주님의 주장으로 제 주장을 삼게 하시고, 주님의 뜻을 받들어 저의 뜻이 되게 하시고 주님의 지혜가 저의 지혜가 되게 하십시오. 주님의 애통이 저의 애통이 되기를 빌며, 예수님의 이름으로 기도드립니다. 아멘.

어려움에 직면했을 때 드리는 기도

파수꾼이 아침을 기다림보다

예레미야 29:12-13   * 찬송 316장

주님, 제가 깊은 구렁 속에서 주님을 불렀습니다. 주님, 제 소리를 들어 주십시오. 저의 애원하는 소리에 귀를 기울여 주십시오. 주님, 주님께서 죄를 지켜보고 계시면, 주님 앞에 누가 감히 버티어 설 수 있겠습니까? 용서는 주님만이 하실 수 있는 것이므로, 제가 주님만을 경외합니다.

제가 주님을 기다립니다. 제 영혼이 주님을 기다리며, 제가 주님의 말씀만을 바랍니다. 제 영혼이 주님을 기다림이 파수꾼이 아침을 기다림보다 더 간절합니다. 파수꾼이 아침을 기다림보다 더 간절합니다. 주님, 주님만을 의지합니다. 주님께만 인자하심이 있고, 속량하시는 큰 능력도 주님께만 있습니다. 오직 주님만이 저를 모든 죄에서 속량하시고, 깨끗하게 낫게 해주실 것입니다. 아멘.

영원한 양식

로마서 13:11-14 *찬송 351장

오, 나의 하나님, 하나님은 옛적부터 계셨으나 늘 새로운 분이십니다. 하나님은 홀로 영원한 양식입니다. 저는 잠시 동안만이 아니라 영원히 살기를 원합니다. 저는 제 존재를 다스릴 수 없습니다. 제가 악한 생각으로 제 자신을 멸하고 싶어도 그리할 수 없습니다. 저는 영원히 지성과 의식을 지니고 살아가야 합니다. 하지만 하나님 없는 영원은 영원한 불행일 수밖에 없습니다. 저는 오직 하나님 안에서만 저 자신을 지탱할 수 있습니다.

하나님은 홀로 영원한 저의 양식이십니다. 하나님은 홀로 지극히 풍성하시며, 언제나 저에게 새로운 지식과 사랑의 대상을 영원히 제공하십니다. 저는 하나님의 거룩한 본질의 기본 원리를 배우기 시작하는 어린아이입니다. 대저 하나님은 모든 선(善)의 소재지요 중심이십니다. 하나님은 이 덧없는 세상에서 유일한 실체이시며, 복된 영들이 즐거이 거하는 하늘 나라이십니다. 아멘.

아침에 돋아나서 꽃을 피우다가도

전도서 3:1-15   * 찬송 172장

주님, 주님은 대대로 저의 거처이셨습니다. 산들이 생기기 전에, 땅과 세계가 생기기 전에, 영원부터 영원까지, 주님은 하나님이십니다. 주님께서는 사람을 티끌로 돌아가게 하시고, "죽을 인생들아, 돌아가거라." 하십니다.

주님 앞에서는 천 년도 지나간 어제와 같고, 밤의 한 순간과도 같습니다. 주님께서 생명을 거두어 가시면, 인생은 한 순간의 꿈일 뿐, 아침에 돋는 한 포기의 풀과 같을 따름입니다. 아침에 돋아나서 꽃을 피우다가도, 저녁에는 시들어서 말라 버립니다.

주님, 주님께서 노하시면 제 삶이 끝이 나고, 주님께서 노하시면 저는 스러지고 맙니다. 주님께서 제 죄를 주님 앞에 내놓으시니, 저의 숨은 죄가 주님 앞에 환히 드러납니다. 주님께서 노하시면 제 인생은 사그라지고, 저의 한평생은 한숨처럼 스러지고 맙니다.

인생의 연수가 칠십이요 강건하면 팔십이라도, 그 연수의

●
강하고 담대하라

자랑은 수고와 슬픔뿐이요, 빠르게 지나가니, 마치 날아가는 것 같습니다. 저에게 저의 날 계수함을 가르쳐 주셔서, 지혜의 마음을 얻게 해주십시오. 예수님의 이름으로 기도드립니다. 아멘.

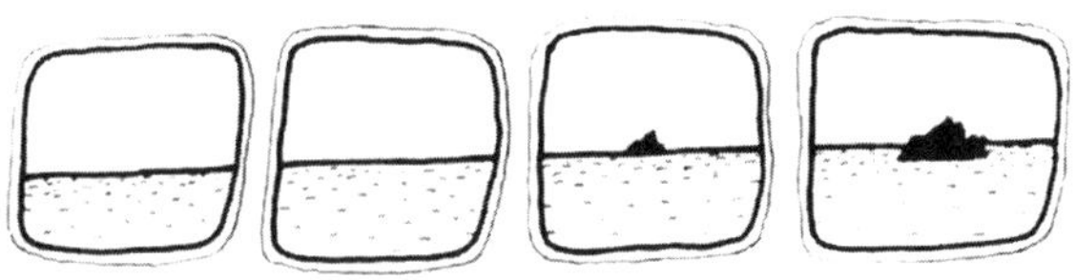

어려움에 직면했을 때 드리는 기도

저는 외롭습니다

Q 목사님! 저는 ○○중대에 근무하는 오 상병입니다. 자대에 처음 배치되어 생활을 할 때에는 선임병들이 관심을 가져준 관계로 부대 적응에 별문제가 없었습니다. 그런데 상병이 된 요즈음에는 특별히 누가 관심을 가져 주는 것 같지도 않고, 그 동안 편지왕래를 하던 여자친구와의 연락도 끊어졌습니다. 예상을 하고 있었던 일이기는 하지만, 왠지 외롭다는 생각이 듭니다. 야간에 달빛을 바라보며 근무를 설 때에는 외롭다는 생각이 더 들기도 합니다. 같은 내무반에서 많은 동료들과 더불어 동거동락을 하고 있으면서도 외롭다는 느낌은 떠나지 않습니다. 어떻게 하면 외로움으로부터 벗어날 수 있을까요?

A 현재 오 상병이 느끼고 있는 단절의 외로움을 생각할 때에, 저도 과거에 외로움의 문제로 고민했던 때의 일이 생각납니다. 이처럼 외로움의 문제는 단지 오 상병만의 문제가 아닙니다. 인간은 역사상 '외로움'으로부터 완전히 해방된 적이 한 번도 없었습니다. 인간에게 그림자처럼 따라다니는 외로움의 문제를 완전히 해결하기는 쉽지가 않습니다.

외로움이라는 것은 내가 혼자라는 데서부터 오는 감정입니다. 특히 요즘 같은 생존경쟁의 시대에서는 경쟁자와의 단절이나 대인관계로부

124

강하고 담대하라

터의 소외감이 외로움의 원인이 되기도 합니다. 칼뷤이라는 학자는
〈절망의 세대〉라는 책에서 인간의 외로움은 희망을 상실함으로써 오
는 것이라고 했습니다. 희망의 상실에 따라 인간이 스스로 자신을 모
든 것으로부터 단절시키기 때문에 외로움이 발생한다는 것입니다. 이
는 인간이 결코 혼자서 살아갈 수 없는 존재임을 보여 주는 것입니다.
그러므로 오 상병에게 중요한 것은 자신이 결코 혼자가 아니라는 사실
을 인식하는 것이고, 나아가 단절된 관계를 회복하는 것입니다. 오 상
병의 문제와 관련해서 몇 가지 도움의 말씀을 드리고자 합니다.

첫째, 외로움을 해결하기 위해 부정적인 방법을 회피하십시오.

사람들은 일상생활에서 매순간마다 자신의 외로움을 메꾸기 위해 여
러 가지 것들로 대치하지만, 그런 수단은 사실상 미봉책에 불과합니
다. 사람들이 시도하는 외로움으로부터의 탈출은 다양한 모습으로 나
타납니다. 개인적으로는 음주, 마약, 성적 탐닉, 혹은 텔레비전 같은
대중매체나 컴퓨터 게임에 몰입하기도 합니다. 이러한 탈출구는 자기
자신에 대한 '존재론적 질문'을 차단하는 동시에 인간을 모종의 중독
상태에 빠지게 합니다. 또한 소비를 통해 인간관계에 대한 자신의 갈
급함을 대체시키는 소비 중독자들도 있습니다. 돈과 권력에 대한 갈망
도 내가 외롭다는 울부짖음의 반향일 수 있습니다. 심각한 경우는 자
살이라는 방법을 택하기도 합니다.

이러한 것들은 현실을 도피하는 것일 뿐 근본적인 해결책은 되지 못
합니다. 병사들 가운데도 자신의 문제를 직시하고 극복하려고 하기보
다는, 단지 현실적으로 힘들다는 이유로 군생활의 현장에서 탈출을 시
도하기도 합니다. 그러나 그렇게 하는 것은 군생활뿐 아니라 인생에

큰 오점을 남기게 됩니다. 그러므로 문제를 회피하려 하지 말고, 그것을 어떻게 해결할 것인가라고 하는 긍정적이고 창조적인 자세를 가져야 합니다.

둘째, 새로운 창조를 위한 에너지로 활용해 보십시오.

외로움은 창조의 원동력이 되기도 합니다. 그러한 면에서 오 상병이 새로운 관계 형성의 기회를 가졌으면 합니다. 이등병이었을 때에는 선임병들의 관심 속에 있었기 때문에 외로움을 덜 느꼈을 것입니다. 그러나 상병이 된 지금은 선임병들의 관심을 받아야 할 그런 시기는 아닙니다. 오히려 오 상병은 외로움의 문제를 해결하기 위해서라도 이등병들에게 관심을 가져야 할 것입니다. 그것은 곧 단절에서 오는 외로움을 어느 정도 해소해 줄 것입니다.

그런가 하면 소극적인 외로움을 적극적인 고독으로 승화시켜 즐기는 사람들도 있습니다. 모든 예술가들이 그렇듯이, 작가도 고독한 시간을 지나오지 않으면 내면의 성찰과 성숙을 얻을 수 없습니다. 그래서 작가들은 고독이라는 창조(창작)의 절대조건에 도달하기 위하여 집을 떠나고 가정을 떠나기도 합니다. 파스칼과 케에르케고르의 경우가 그렇습니다. 파스칼은 세속도시를 떠나 경건생활에 몰두하기 위해 수도원으로 들어갔습니다. 케에르케고르의 타고난 소심한 성격과 실연사건은 그를 사회로부터 격리되게 했습니다. 실존주의 신학의 선구자이며 작가였던 그는 당대 사회에 적응하지 못했던 아웃사이더였습니다. 파스칼의 〈팡세〉나 케에르케고르의 〈지하생활자의 수기〉 등 그들의 대표작품은 그 깊은 고독을 전제하지 않는다면 바로 이해할 수 없습니다. 오 상병의 경우도, 외로움을 느낄 때 그것을 승화시킬 수 있는 자신만의 방법을 계발했으면 합니다.

셋째, 존재론적인 외로움은 신앙 안에서 해결될 수 있습니다.

인간의 존재론적 외로움에 대한 철학적 접근은 단지 분석과 이해로 끝나게 됩니다. 따라서 인간의 외로움과 고독에 관한 문제는 신앙 안에서 해결될 수가 있습니다. 마틴 부버는 '나'의 영원한 '너'인 하나님과의 관계성을 회복할 때에만 존재의 고독을 메꿀 수 있다고 말합니다. 그러므로 이 문제를 해결하기 위해서는 하나님과의 단절을 회복시킨 예수 그리스도를 영접함으로써 가능합니다. 하나님과의 진정한 화해가 없이는 우리를 압박해 오는 원초적인 외로움으로부터의 탈출이 불가능한 것입니다. 하지만 그리스도인들 가운데서도 다른 사람들과의 수평적인 교제에 대한 갈급함은 존재하기 때문에, 이는 대인관계의 회복을 통해서 해결해야 할 문제입니다.

그리고 크리스천이라면 인생을 살아가다가 한계에 부딪히는 상황 속에서 낙담과 외로움을 느낄 수 있지만 그것을 이길 수 있는 소망도 있습니다. 엘리야는 이세벨의 칼날을 피할 수 없어 낙심하여 외로움을 이기지 못하고, 로뎀나무 아래서 죽기를 자청했습니다. 그러나 하나님께서는 그를 위해 바알에게 무릎을 꿇지 아니한 칠천 명을 남겨 두었다는 사실을 알려주심으로써 자신이 혼자가 아님을 확인시켜 주셨습니다. 이처럼 그리스도인에게는 세상 끝까지 우리와 함께 계시겠다는 신실하신 하나님의 약속이 있기 때문에 외롭지 않을 수 있는 것입니다.

군생활의 위기와 상담 Ⅱ리

너무 자주 화를 냅니다

Q 목사님! 저는 ○○중대에 근무하는 한 이병입니다. 전입한 지 3개월이 지났습니다. 부대생활에는 나름대로 잘 적응하고 있다고 생각합니다. 그러나 저에게 한 가지 문제가 있습니다. 저는 언제부터인지는 몰라도 화를 잘 내는 경향이 있습니다. 사소한 일에도 짜증이 나고, 잘못된 일을 보게 되면 속에서부터 올라오는 화를 참을 수가 없습니다. 특히 누군가 나를 피곤하게 하면, 화난 목소리로 큰소리를 쳐야만 속이 후련합니다. 이제 겨우 이등병인 저의 입장에서 화를 낼 수도 없고, 그렇다고 그런 감정을 억압하고 지내자니 그저 답답할 뿐입니다. 이러한 저의 다혈질적인 성격을 어떻게 해야 조절할 수 있을까요?

A 한 이병의 경우는 자신의 문제가 무엇인지 알고 있을 뿐 아니라, 그것을 해결하고자 하는 의지도 가지고 있으므로 매우 소망적이라는 생각이 듭니다. 사실 화를 낸다는 그 자체는 잘못된 것이 아닙니다. 그것은 인간이 본능적으로 지니고 있는 감정이기 때문입니다. 그러한 것은 마치 호수와 같은 마음에 돌이 떨어질 때에 물결이 일어나는 것과 같은 자연스러운 반응이라고 할 수 있습니다. 그러므로 외부에서 나에게 가해지는 행동의 정도에 따라서, 가볍게는 약이 오른 상태에서부터 화·노여움·분노·격노의 상태에 이르기까지 다양한

강도로 나타날 수 있습니다.

문제는 이러한 감정을 마음속에 오래도록 품고 있거나 그 정도가 심해지면 스스로 조절하거나 억제하는 절제력을 상실함으로써, 단순히 언성을 높이는 데서부터 고함·욕설·신체적 공격·비협조적인 태도와 같은 부정적인 양상으로까지 나타납니다. 이처럼 부정적인 결과를 야기시키는 화난 감정이나 분노를 조절하는 방법을 아는 것은 군생활뿐아니라 사회생활을 위해서도 매우 중요합니다. 그러므로 이 지면을 통해 몇 가지 말씀드리고자 합니다.

첫째, 자신의 감정을 표현하는 것은 필요합니다.

화를 내는 것은 심리적·정신적·신체적·사회적·영적인 측면을 포함하여, 우리의 삶 전체에 좋지 않은 영향을 미칩니다. 그렇다고 무조건 화를 내서는 안된다거나, 언제나 화난 감정을 억제해야 한다면 그것도 문제입니다. 참고 인내하는 것이 분노를 해결하는 유일한 방법은 아니기 때문입니다. 때로 화난 감정을 나타내는 일은 정신건강을 위해서 매우 도움이 되기도 합니다. 사람은 좋은 일이 있을 때에는 웃어야 하며, 슬플 때는 울어야 하고, 화가 났을 때에는 화를 낼 수도 있어야 합니다. 만약에 화난 감정을 풀지 못하고 속으로 삭이게 된다면, 심리나 건강에 매우 나쁜 영향을 미치게 됩니다.

문제는 습관적으로 화를 내거나, 화를 내지 않아도 될 일에 너무 민감하게 반응하거나, 지나치게 오래도록 화난 감정을 품는 데 있는 것입니다. 성경은 "분을 내어도 죄를 짓지 말라"(에베소서 4 : 26)고 말씀하고 있습니다. 이는 사람은 화를 낼 수도 있는 존재임을 인정하는 것입니다. 죄 없으신 예수님도 성전이 상인들에 의해 더럽혀지는 것을

군생활의 위기와 상담 II 리

보고 분노했습니다. 만약 예수님께서 그러한 모습을 보고도 분노하지 않고 화난 감정을 속으로 참고만 있었다면, 하나님의 의를 이루지는 못했을 것입니다.

둘째, 화를 나게 하는 원인을 바로 알아야 합니다.

습관적으로 화를 내거나 큰 소리를 치는 사람들이 종종 있습니다. 똑같은 상황에서 어떤 이는 별문제가 아닌 것으로 여기는 반면, 어떤 이는 매우 불쾌한 표정으로 화를 내는 경우가 있습니다. 때로는 자존감의 문제로 그럴 수도 있고 때로는 왜곡된 지각으로 인해서 그러한 감정이 폭발할 수도 있습니다.

평소에 화를 잘 내는 A라는 사람이 있었습니다. 그가 어느날 사무실 문을 열고 들어가자마자, 그곳에 모여 있던 사람들이 큰 소리를 내며 웃었습니다. 영문을 알지 못하는 A는 모인 사람들이 자기 이야기를 하면서 비웃는 줄로 알고 매우 기분이 나빠서 화를 냈습니다. 그러나 사실 그곳에 모였던 사람들은 A와는 전혀 관계없는 일로 인하여 웃었습니다. 단지 시간적으로 A가 들어오자마자 웃었을 뿐입니다. A는 열등의식으로 인해서 평소에도 다른 사람들의 행동에 매우 민감했습니다. 그러다보니 자신과 관계없는 이야기나 행동에 대해서도 쉽게 오해를 하고 화를 내었습니다. 결국 그러한 A의 행동은 대인관계에도 영향을 미치게 되었습니다. 그러므로 한 이병의 경우도 자신을 화나게 하는 것들이 구체적으로 어떤 것들인지, 그리고 과연 화를 낼 만한 것들 때문에 화를 내는지 자신을 돌아보는 기회를 가져 보십시오. 때로는 우리가 너무나도 사소한 일 때문에 화를 내고 있다는 사실을 발견하게 될 것입니다.

강하고 담대하라

셋째, 화난 감정을 해소할 수 있는 자신의 방법을 찾으십시오.

에베소서 4장 26절에 "분을 내어도 죄를 짓지 말며, 해가 지도록 분을 품지 말라."고 했습니다. 이는 분을 품지 말고, 가능하면 빨리 해소해야 한다는 말입니다. 그러므로 여러 가지 노력에도 불구하고 화를 낼 수밖에 없는 상황이 되었다면, 일시적으로 그 상황을 떠나는 일이 필요합니다. 이는 시선을 잠깐 다른 데로 돌리거나 심호흡을 하거나 다른 생각을 하거나 잠시 이곳저곳을 걸어다니는 것을 포함합니다. 이러한 행동은 "성내기를 더디하라."(야고보서 1 : 19) 는 말씀을 이루는 방법 중의 하나이기도 합니다. 이런 잠깐의 '떠남'이 순간적으로 폭발되려는 나의 감정에 제동을 거는 역할을 하게 됩니다. 그리고 이러한 것들이 습관이 되도록 해야 합니다. 우리는 너무나도 자주 화를 낸 다음에 후회를 합니다. '내가 조금만 더 참았으면 될 텐데!'라고 하면서, 잠시동안 인내하지 못한 것에 대해서 안타까워하기도 합니다. 그러므로 이러한 잠깐의 '떠남'을 반복함으로 절제할 수 있는 인내력을 키우게 될 것입니다.

보다 더 성숙한 방법으로는 자신의 화난 감정을 숨기지 말고, 솔직하게 직면하는 것입니다. 화를 내지 않은 척하지 말고, 자신의 화난 감정을 알리는 것입니다. 물론, 이러한 일이 쉽지는 않습니다. 때로는 상대방이 어떻게 반응할까 두렵기도 합니다. 그러나, 차분한 목소리로 자신의 생각과 감정을 표현하게 되면, 자신의 감정은 점차 누그러지게 될 것입니다.

지금 죽고 싶은 심정입니다

Q 목사님! 저는 ○○중대에 전입온 지 3개월이 된 최 이병입니다. 입대 전에 저희 어머님은 집을 나가 버렸습니다. 아버님은 질병으로 고생하고 계시며, 특별한 직업이 없어서 생계도 걱정이 됩니다. 누나가 아버님과 함께 있기는 하지만 여전히 집안 일이 걱정이 됩니다. 앞으로 2년간을 군에 있어야 한다는 것을 생각하니 답답할 뿐입니다. 군생활을 열심히 하겠다는 생각보다는 여기서 벗어나고 싶은 심정뿐입니다. 게다가 종종 선임병들이 힘들게 하는 것까지 겹치게 되면 더 이상 참을 수가 없고 모든 것이 싫어질 뿐입니다. 차라리 죽는 게 좋겠다는 생각마저 듭니다. 목사님! 이럴 때는 어떻게 해야 하는지 저를 도와주십시오.

A 어렵고 힘든 형편 가운데 있는 최 이병의 입장을 생각해 보니 저도 안타까운 마음이 듭니다. 경제적으로 어려운 가운데서 질병으로 고통당하시는 아버님에 대한 염려와 가출한 어머님에 대한 실망으로 괴로워하는 최 이병의 심정을 조금이나마 알 것 같습니다. 또한 그러한 환경 속에서 부대생활에 적응이 잘되지 않을 것이라는 것도 이해가 됩니다.

그래서 어느 누구를 막론하고, 절망 가운데 있거나 문제해결의 실마리를 찾지 못하고 고민할 때에는 최 이병처럼 극단적인 생각을 할 수

강하고 담대하라

도 있습니다. 우리나라 청소년의 47%가 '때때로 자살하고 싶은 충동을 느낀다'는 통계를 본 적이 있습니다. 그러므로, 이 지면을 통해서 많은 사람들이 한 번쯤 생각해 보았던 자살이라고 하는 문제에 대해 몇 가지 도움의 말씀을 드리고자 합니다.

첫째, 생명은 이 세상 어떤 것과도 바꿀 수 없는 것입니다.

최 이병은 이 세상에서 가장 소중한 것이 무엇이라고 생각하십니까? 배고픈 사람은 빵이라고 할 것이고, 병든 자들은 건강이라고 할 것이고, 고아들은 사랑이라고 말할 것입니다. 물론, 맞는 말입니다. 그러나 어느 누구나 공감할 수 있을 만큼 고귀한 것이 있다면 그것은 바로 '생명'일 것입니다. 빵이나 건강 그리고 사랑이라고 하는 이 모든 것도 생명이 없는 자에게는 무의미한 것입니다. 그러므로 어떠한 환경 속에서든지 사람이 하루하루 살아간다는 그 자체가 이 세상의 그 어떤 것보다도 소중한 일입니다. 특히 성경은 "한 생명은 천하보다도 귀한 존재"(마태복음 16 : 26) 라고 말씀하고 있습니다.

뿐만 아니라 최 이병이 약 20여 년 전에 이 세상에 탄생한 것은 하나의 놀라운 사건입니다. 게다가 지금까지 살아왔다는 것만으로도 기적이 아닐 수 없습니다. 지금도 세계 도처에서는 각종 사건과 사고로 인하여 하루동안에도 수없는 사람들이 자신의 뜻과는 관계없이 죽어가고 있습니다. 그러한 와중에서도 최 이병은 지금까지 굳굳하게 살아왔습니다. 그러므로 지금에 와서 죽음을 생각한다는 것은 최 이병을 이 땅에 보내신 하나님의 뜻을 저버리는 것이고, 또한 질병으로 고통당하고 계시는 아버님에 대한 불효라고 하는 사실을 잊지 말아야 합니다.

둘째, 죽는다고 문제가 해결되는 것은 아닙니다.

군생활의 위기와 상담 II리

죽음을 생각하는 사람들의 대부분은 이 세상을 떠나는 것으로 모든 문제가 해결되는 것으로 착각을 하고 있습니다. 그러나 죽는다고 문제가 해결되는 것은 결코 아닙니다. 자살이라는 것은 사실상 현실에 대한 도피일 뿐입니다.

최 이병! 죽음 이후의 상황을 생각해 보았나요? 최 이병이 죽은 다음에는 어떠한 일이 일어날까요? 분명히 아들의 제대날만을 기다리던 아버님의 가슴에 못을 박는 결과가 될 것입니다. 거기다가 질병으로 고통당하시는 아버님의 병세는 더욱 악화될 것입니다. 사랑하는 동생을 잃은 누님은 얼마나 슬퍼할까요? 그뿐이 아닙니다. 당분간 부대적으로는 사기가 저하될 것이고, 최 이병의 죽음으로 부대의 소대장이나 중대장은 매우 어려움을 겪게 될 것입니다. 물론, 최 이병을 괴롭혔던 선임병들은 징계를 받겠지요. 그러나 분명한 것은 선임병들을 혼내줄 목적으로, 혹은 집안일을 걱정한 나머지 괴로워서 세상을 뜬다는 것은 누가 보더라도 현명한 결단이 아니라는 것입니다. 하나님께서 허락하신 생명을 무책임하게 포기하는 것처럼 어리석은 행동은 없습니다.

최 이병! 진정으로 아버님의 병세가 염려된다면 보초근무 중이라도 하나님께 진실된 기도를 드리기 바랍니다. 하나님께서 그 기도를 외면치 않을 것입니다. 선임병이 괴롭게 하는 일이라면 행정관이나 중대장님께 상담을 요청하세요. 분명히 도와줄 것입니다.

셋째, 고난을 역전의 기회로 삼아 보십시오.

'하늘이 무너져도 솟아날 구멍은 있다'는 말이 있습니다. 그리고 성경에도 보면, "하나님을 사랑하는 자 곧 그뜻대로 부르심을 입은 자들에게는 모든 것이 합력하여 선을 이루느니라." (로마서 8 : 28) 고 했습

강하고 담대하라

니다. 하나님께서 함께 하시면, 이 세상 어떠한 문제라도 반드시 좋은 해결책이 있다는 말입니다. 그뿐 아니라 인간의 편에서는 그 고난의 문제를 어떠한 시각으로 보느냐에 따라서, 그것을 극복해서 위대한 인간 승리를 할 수도 있고, 고난과 역경 앞에 무릎을 꿇고 인생의 패배자가 될 수도 있습니다. 사실 위대한 일은 평범한 가운데서 일어나지 않습니다. 베토벤은 귀머거리였지만, 위대한 작곡가가 될 수 있었습니다. 영국의 밀턴은 두 눈을 실명하고, 아내마저 죽은 상황에서 〈실락원〉, 〈복락원〉이라는 불후의 명작을 남겼습니다.

그러므로 지금의 위기를 극복해 나가겠다는 긍정적이면서도 신앙적인 시각을 가질 수 있기를 바랍니다. 또한 이러한 위기 상황을 인내함으로 잘 극복해 낼 수 있도록 기도하십시오. 인간의 힘으로 어찌할 수 없는 부분을 하나님께 맡기면, 하나님께서는 반드시 최 이병이 고민하고 염려하는 것들을 해결해 주실 것입니다. 그리고 군생활을 잘 적응해 나갈 수 있는 힘도 얻을 수 있을 것입니다. 아무쪼록 용기를 잃지 말고, 고난의 위기를 성공적으로 헤쳐 나갈 수 있기를 바랍니다. 최 이병, 파이팅!

죄책감 때문에 괴롭습니다

Q 저는 ○○중대에 근무하는 고 일병입니다. 군에 입대한 이후부터 지금까지 계속해서 저를 괴롭히는 것이 있습니다. 그것은 입대 전에 있었던 일로 인한 죄책감의 문제입니다. 여자친구를 사귀어도 순수한 마음으로보다는 육체적인 쾌락의 도구 정도로 생각해 왔습니다. 게다가, 최근에 사귀어 오던 여자친구에게는 세 번씩이나 낙태를 강요하기도 했습니다. 전에는 그럴 수도 있는 일이라고 생각했는데, 교회를 다니다보니 그런 것이 매우 큰 죄라는 것을 알게 되었습니다. 교회에 다닌 후에 마음이 더 편해야 되는데, 오히려 과거의 그런 일들 때문에 죄책감으로 매우 괴롭습니다. 어떻게 해야 죄책감을 해소할 수 있을까요?

A 그 동안 고 일병이 자신이 저질러 놓은 행동에 대한 죄책감 때문에 매우 힘이 들었겠다는 생각이 듭니다. 그러나 고 일병이 자신의 문제를 해결하기 위해서, 용기를 가지고 솔직하게 도움을 구하는 그 모습을 볼 때에 매우 소망적이라는 생각이 듭니다.

죄에 대해서 민감하게 느끼는 것이 항상 나쁜 것만은 아닙니다. 때로 죄의식은 우리의 행동을 변화시키는 원동력이 되기도 합니다. 그러나 심각한 죄의식은 우울하게 만들거나 삶의 의욕을 상실하게 하는 등 좋지 않은 영향을 끼치기도 합니다. 그런가하면 누가 보더라도 비도덕

적일 뿐 아니라 반사회적인 행동을 해놓고도, 전혀 양심의 가책이나 죄의식을 느끼지 않고 사는 사람들도 있습니다. 중요한 것은 자신이 느끼는 죄책감을 해결하고자 하는 의지입니다. 그런 면에서 고 일병의 문제는 얼마든지 해결될 수 있다고 생각됩니다. 그러므로 지면을 통해 몇 가지 도움의 말씀을 드리고자 합니다.

첫째, 모든 사람은 죄인입니다.

이 땅에 태어나서 전혀 죄를 짓지 않고 살아가는 사람은 없습니다. 그 죄의 정도가 크든작든 간에 우리 모두는 하나님 앞에 죄를 지으면서 살아가고 있습니다. 다른 사람과 비교해서 상대적으로 의로울지는 몰라도, 하나님 앞에서 의롭다고 할 만큼 절대적인 의인은 이 땅에 단 한 사람도 없습니다.

그래서 로마서 3장 10절 이하에 보면 "기록한 바 의인은 없나니 하나도 없으며, 깨닫는 자도 없고 하나님을 찾는 자도 없고, 다 치우쳐 한가지로 무익하게 되고, 선을 행하는 자는 없나니 하나도 없도다."라고 했습니다. 내가 살인을 하지 않고, 강도나 절도를 하지 않고, 거짓이나 사기행각을 하지 않는다고 해서 의인이라고 할 수는 없습니다. 혹시라도 상대방을 미워하는 감정을 가지고 있다면, 그는 이미 살인을 한 것이며, 여인을 보고 음란한 생각을 품었다면, 그것은 곧 음행의 죄를 지은 것이라고 성경은 말하고 있습니다. 그러므로 행동에 있어서 의로움을 내세울 사람이 있을지는 몰라도, 생각이나 말에 있어서 의롭다고 할 만큼 완전한 사람은 없는 것입니다. 이처럼 모든 사람은 죄인의 모습으로 살아갈 수밖에 없는 연약한 존재라는 것을 먼저 인정해야합니다.

군생활의 위기와 상담 Ⅱ리

둘째, 죄책감을 느끼지 못하는 것이 더 심각한 문제입니다.

일부 심리학자들은 사람들로 하여금 죄책감을 느끼게 하는 기독교의 교리를 못마땅하게 생각합니다. 그러나 그것보다 더 심각한 문제는 죄를 죄로 느끼지 못하는 무감각한 양심입니다. 사실 양심이라는 것은 자신의 행동에 대해서 옳고 그름을 판단하도록 하기 위해서 주신 하나님의 선물입니다. 만약에 그러한 양심이 제 기능을 발휘하지 못한다면, 우리는 점점 더 타락한 생활을 하게 될 것입니다. 이는 마치 손가락의 신경이 마비된 사람이 손가락을 불 가운데 넣어도 고통을 느끼지 못하기 때문에 손가락을 잃어 버릴 수도 있듯이, 양심이라는 신경이 마비되어 죄책감을 느끼지 못하는 사람이 있다면, 그는 단지 동물적인 수준의 생활을 할 수밖에 없을 것입니다. 이와 같이, 죄책감을 느끼는 양심은 우리로 하여금 더 많은 죄를 짓지 않도록 하는 브레이크와 같은 순기능적인 역할을 하는 것입니다.

성경에 다윗왕이라는 위대한 지도자가 있었습니다. 그는 뛰어난 인품을 가졌고 하나님의 뜻을 이루고자 헌신했지만, 육신의 연약함으로 음행과 살인죄를 짓게 되었습니다. 이 때에 하나님께서는 선지자를 통해서 그의 죄를 지적했습니다. 그 사건으로 인하여 다윗을 가장 괴롭혔던 것은 죄책감이었습니다. 그러나 그러한 죄책감이 있었기에 그는 하나님 앞에서 회개를 하고 용서함을 받는 체험을 하게 되었습니다. 이와 같이 죄책감이라는 것은 우리를 자신과 하나님 앞에서 바른 삶을 살 수 있게 되는 동기가 되기도 합니다.

셋째, 죄책감의 문제는 해결될 수 있습니다.

지금 고 일병이 느끼는 죄책감의 원인은 여자친구에게 낙태를 세 번

강하고 담대하라

이나 강요한 것에 대한 미안한 감정입니다. 어떤 이들은 죄책감을 잊어버리기 위해 흥분제나 마약을 복용하거나 술을 마시기도 하지만, 그것이 결코 죄책감을 제거하는 것은 아닙니다. 지금 고 일병에게 필요한 것은 먼저 여자친구를 위로하고, 그녀로부터 용서를 받아야 할 것입니다. 그리고 상처받은 여자친구를 끝까지 사랑하겠다는 고백도 있어야 합니다.

성경에 아버지로부터 유산을 상속해서 나갔다가 다 탕진하고 갈 곳이 없어서 다시 아버지께로 돌아오는 아들의 비유가 있습니다. 이때에 돌아온 아들이 아버지에게 자신은 "아버지와 하늘에 죄를 지었다."고 고백을 했습니다. 그러므로, 고 일병의 경우도 여자친구에게 용서받아야 할 뿐 아니라, 하나님께 회개함으로 용서를 받아야 합니다. 이러한 과정을 통해서 용서를 받았다는 확신을 갖게 되면, 고 일병은 죄책감으로부터 해방을 받게 될 것입니다. 하나님께서는 자신의 죄를 진심으로 고백하는 자에게는 어떤 죄라도 용서해 주시기 때문입니다. 대법원에서 무죄를 선고하면 더 이상 죄가 없듯이, 인간의 죄를 심판하시는 하나님께서 최종적으로 무죄를 선언했다면, 더 이상 죄책감의 문제로 고민할 필요는 없습니다. 로마서 8장 33절에 "의롭다 하신 이는 하나님이시니 누가 정죄하리요."라고 했습니다. 아무쪼록 고 일병이 여자친구와 더 좋은 사랑의 관계를 갖는 기회가 되었으면 합니다.

열등감 때문에 고민입니다

Q 저는 ○○중대에 근무하는 최 상병입니다. 저는 선임병과 후임병, 그리고 동료들과의 만남을 통해서 상대방을 알게 되었고, 내 자신의 모습과 비교해 보기도 했습니다. 그런데 저는 동료들과의 만남을 통해서, 여러 가지 점에서 부족하다는 열등의식 때문에 항상 고민을 해왔습니다. 대부분의 동료들은 대학재학중에 군에 들어온 반면, 저는 고등학교만 졸업하고 직장생활을 하다가 군에 들어왔습니다. 때로는 사수로서 이제 갓 군에 들어온 대졸출신의 이등병을 가르친다는 자체가 매우 부담스럽게 느껴집니다. 말에 권위도 안 서는 것 같고, 자신감도 없어집니다. 이러한 저의 고민을 어떻게 하면 해결할 수 있겠습니까?

A 최 상병이 학력의 문제로 열등감을 느끼고 있다는 데에 공감을 하면서도, 한편으로는 안타까운 마음을 갖게 됩니다. 사실 열등감이라는 것은 현대인 모두가 느끼며 살아가는 감정 중의 하나입니다. 아무리 사회적으로 지위가 높고, 경제적으로 남보다 월등하고, 용모가 뛰어나며, 성공했다고 자부하는 사람들까지도 내면 깊숙한 곳에는 남들이 알지 못하는 열등감이 있습니다. 열등감은 나의 체력이나 용모나 능력을 다른 사람과 비교를 함으로써 자신을 낮추어 평가하는 상대적인 감정이기 때문에 그렇습니다.

열등의식에 빠지면 자신감을 잃게 되고, 다른 사람 앞에 나서기를 꺼리며, 심지어 자신을 무가치하게 느끼기도 합니다. 여기에 두려움의 감정까지 수반되면, 거의 모든 생활 속에서 무기력해지게 되는 현상이 나타납니다. 그러므로 이 지면을 통해서 최 상병이 느끼고 있는 열등감을 극복하기 위해 도움이 될 만한 몇 가지 말씀을 드리고자 합니다.

첫째, 학력만으로 그 사람의 능력을 평가하던 시대는 지났습니다.

요즘은 학력파괴의 시대입니다. 모 대기업에서는 대학졸업 여부에 관계없이 면접을 통해서 그 회사의 사원을 선발하고 있습니다. 대학을 나왔느냐 안 나왔느냐가 그 사람의 능력을 판단하는 기준의 전부가 될 수 없다는 말입니다. 고등학교만 나왔어도 얼마든지 성공적인 인생을 살아가는 사람들이 있습니다. 심지어, 국졸 출신의 사장이 대졸 사원을 거느리는 경우도 있습니다. 오히려 그런 사람들 중에는 대단한 자부심을 가지고 사원들에게 임무를 주거나 지시를 하기도 합니다. 중요한 것은 내가 나를 어떻게 보느냐 하는 문제입니다. 최 상병은 대졸의 후임병들보다 나은 것들이 얼마든지 있을 수 있습니다. 바로 그 점을 늘 볼 줄 알아야 합니다.

예를 들면, 계급이 더 높다는 것도 군에서는 큰 강점입니다. 군대에서 질서와 군기가 유지되는 가장 강력한 도구는 바로 계급입니다. 최 상병은 대졸출신의 후임병이 갖지 못한 계급을 가졌기 때문에, 군에서 제대하는 그 순간까지는 선임병으로서 후임병을 지도할 수 있는 위치에 있는 것입니다. 이 밖에도 조직의 성격에 따라서, 때로는 계급이 중요할 수도 있고, 때로는 학력이 우선일 수도 있고, 때로는 나이가 많거나, 때로는 다른 능력이 있기 때문에 남들보다 더 대우를 받을 수도 있는 것입니다. 학력은 단지 그 사람의 능력을 나타내는 여러 요소 중에서 하나에 불과한 것입니다.

둘째, 최 상병은 이 세상에 하나밖에 없는 귀한 존재입니다.

최 상병이 느끼는 열등감은 자신을 다른 사람과 비교하는 데서 오는 것입니다. 그러한 감정은 성공적인 삶을 살아가는 데 결코 바람직하지 않습니다. 하나님께서는 모든 사람을 로봇처럼 다 똑같이 창조하지 않으셨습니다. 각자 나름대로의 개성을 가진 독특한 존재로 창조하셨습니다. 그래서 이 땅에 사는 모든 사람은 각자 자신만이 가지고 있는 고유한 특성과 개성이 있는 것입니다. 이 지구상에는 수십 억의 사람이 살고 있지만, 최 상병이라는 사람은 단 한 사람밖에 없습니다. 그러므로 최 상병이 자신을 다른 사람과 비교한다는 자체가 별 의미가 없는 것입니다.

설령 비교를 한다고 하더라도 수많은 비교 요소가 있을 터인데, 오직 객관적으로 나타난 학력 한 가지만을 가지고 서로를 비교하는 것도 비합리적입니다. 최 상병은 대졸의 후임병보다 몸이 더 건강할 수도 있고, 집안 사정이 더 여유가 있을 수도 있고, 아름다운 목소리를 가질 수도 있고, 운동을 잘할 수도 있고, 키가 크고 잘생긴 얼굴에 좋은 성품을 가질 수도 있고, 주변에 좋은 친구들이 많을 수도 있고, 주어진 일에 더 성실할 수도 있고, 후임병보다 더 양심적이고 더 책임감이 있을 수도 있습니다. 그야말로 대학을 졸업했다는 그것보다 더 많은 장점을 가질 수도 있습니다. 그러므로 자신만이 가지고 있는 강점을 찾아내고 계발하여 상대적인 비교에서 오는 열등감을 극복할 수 있기를 바랍니다.

셋째, 학력으로 인한 열등감을 극복할 수 있는 길이 있습니다.

사람은 누구나 다 열등의식을 가질 수 있습니다. 비교되는 상황 속에서 열등의식을 느끼는 사람이 있는가 하면, 자아의식이 강해서 전혀 열등감을 느끼지 않고 살아가는 사람도 있습니다. 열등의식 때문에 삶을 무기력하게 살아가는 사람이 있는가 하면, 오히려 그 열등의식의 극복을 위해서 최선을 다하는 사람들도 있습니다. 그러므로 최 상병이 어떠한 이유로 고등학교까지만 졸업했는지 모르지만, 만약에 최 상병이 학력의 문제로 배우지 못한 것이 평생에 한이 되어 열등감을 느낄 것 같으면, 지금이라도 늦지 않았다고 봅니다. 최 상병의 앞길에는 얼마든지 배움의 길이 있기 때문입니다.

뜻이 있는 곳에 길이 있다는 말이 있습니다. 중요한 것은 배우겠다고 하는 최 상병의 의지입니다. 종종 대학 입시 철에 보면, 만학의 꿈을 이루는 사람들에 대한 기사가 매스컴에 보도되기도 합니다. 회갑이 지나서 대학에 들어간 사람들이 있는가 하면, 주경야독을 통해서 열심히 공부하는 사람들도 있습니다. 그런데 최 상병에게는 젊음이라고 하는 가장 값진 자원이 있습니다. 그러므로 이번 기회를 통해서 배움의 길에 도전해 보는 것은 어떨는지요. 진정한 행복은 자신이 하고 싶은 것을 할 수 있다는 데 있을 것입니다. 비록 대학을 나오지 않았더라도 말입니다.

성적인 유혹을 어떻게 극복할까요?

Q 저는 중대에서 근무하고 있는 윤 일병입니다. 힘든 군대생활이지만 나름대로 열심히 하려고 노력하고 있습니다. 그런데, 저에게 절제하기 어려운 애로사항이 있습니다. 그것은 바로 성적인 유혹입니다. 병영생활을 하면서도, 성적인 충동 때문인지 자꾸 여자생각이 납니다. 외박이나 휴가를 가게 되면 꼭 음란비디오를 보거나 퇴폐이발관을 찾게 됩니다. 때로는 알고 지내는 여자친구와 육체적인 관계를 갖기도 합니다. 남들의 눈에 드러날까 봐 가슴이 조이기도 하지만, 그러한 유혹을 극복하기가 쉽지 않습니다. 물론 이래서는 안된다는 생각을 가지고는 있지만, 이런 나쁜 생활이 쉽게 고쳐지지가 않습니다. 어떻게 하면 극복할 수 있을까요?

A 윤 일병의 고민은 윤 일병 혼자만의 고민이 아니라, 군에서 복무하고 있는 장병들이라면 누구나 한 번쯤은 고민하면서 해결해야 될 문제입니다. 그런데 우선적으로 알아야 될 것은 성적인 욕구 그 자체는 잘못된 것이 아니라는 사실입니다.

사실 성욕이라는 것은 하나님께서 인간에게 주신 본능 중에 하나입니다. 프로이드는 성욕을 인간의 삶의 원동력이라고까지 보았습니다. 그런데 보다 더 중요한 문제는 이러한 하나님의 선물이자 삶의 원동력인 성욕을 어떻게 활용하는가의 문제입니다. 사람의 행동 유형을 보면, 자신의 본능(욕망)에 따라 행동하는 사람이 있는가 하면, 자신의 욕망을 절제해 가면서 사는 사람이 있고 어떤 이는 아예 금욕생활로 일관하는 사람도 있습니다. 이러한 행동 유형의 차이는 곧 그 사람의 가치관의 차이라고 할 수 있습니다. 그러므로 저는 이 지면을 통해 윤 일병이 고민하고 있는 문제와 관련해서 몇 가지 조언을 드리고자 합니다.

첫째, 성욕을 자극하는 환경을 피하려는 노력이 필요합니다. 성적인 욕구는 본능이기도 하지만 또한 감정이기 때문에 수시로 바뀔 수가 있습니다. 특히 어떠한 환경 속에 있느냐에 따라서 성적인 욕구가 불일 듯 일어날 수도 있고 그렇지 않을 수도 있습니다. 예를 들어, 윤 일병과 같이 젊은 나이에는 미니 스커트를 입고 다니는 예쁜 아가씨만 보아도 성적으로 흥분이 될 수 있고, 외설잡지나 음란비디오를 보게 되면 자연적으로 성적인 유혹을 받게 되어 있습니다. 성적인 욕구와 그러한 욕구를 자극하는 환경과는 매우 밀접한 상관관계가 있다는 말입니다.

그러므로 무엇보다도 그러한 환경 가운데 자신을 노출시키지 않으려는 자신의 분명한 의지가 중요합니다. 그러나 윤 일병이 육체적인 쾌락을 자극하는 환경을 찾아다니면서 자신의 바람직하지 못한 습관이 고쳐지기를 바란다거나 혹은 심리적으로 평안하기를 바란다면, 이는 마치 뜨거운 불 가운데 자신의 손가락을 넣고서 타지 않기를 원하는 것과 다를 바가 없는 것입니다. 구약성경에 나오는 요셉은 어느날 시위대장 보디발의 아내로부터 성적인 유혹을 받았습니다. 그녀는 요셉을 붙잡고 육체적인 관계를 갖자고 구걸을 하다시피 했습니다. 그러나 요셉은 육체적인 쾌락을 맛볼 수 있는 절호의 기회임에도 불구하고,

그러한 환경을 뿌리치고 뛰쳐나왔습니다. 요셉은 성적인 유혹을 물리칠 수 있는 단호한 의지력이 있었습니다. 이와 같은 의지력이 없이는 성적인 유혹을 물리칠 수 없습니다.

둘째, 성적인 유혹에 빠진 뒤의 결과를 예견할 수 있어야 합니다. 이는 책임의 문제입니다. 하나님께서는 우리에게 자유의지를 주셨습니다. 그렇기 때문에 우리는 어떠한 행동이든지 할 수가 있습니다. 그러나 그러한 행동 이후의 결과에 대해서 책임이 수반된다는 사실을 잊어서는 안됩니다. 자신의 성욕을 절제하지 못하는 사람은 육체적인 쾌락을 추구하는 데 사로잡혀 있기 때문에 자신에게 주어진 일에 소홀하게 됩니다. 건강에도 문제가 생길 뿐 아니라, 더 나아가 성병으로 인한 고통이 뒤따르게 됩니다. 때로는 원치 않는 임신으로 인하여 또다른 고민거리가 생깁니다. 결혼을 하더라도 행복한 가정생활을 영위할 수 없습니다.

물론, 죄의식으로 인한 고통이 가장 괴로운 것일 것입니다. 전도서 11장 9절에 보면 이런 말씀이 있습니다. "청년이여, 네 어린 때를 즐거워하며 네 청년의 날을 마음에 기뻐하여 마음에 원하는 길과 네 눈이 보는 대로 좇아 행하라. 그러나 하나님이 이 모든 일로 인하여 너를 심판하실 줄 알라." 다윗은 밧세바를 범하는 간음죄를 짓고, 그것을 은폐하려다가 밧세바의 남편 우리아를 죽이는 살인죄까지 범했습니다. 결과적으로 다윗은 하나님의 징계로 그의 아들이 죽임을 당하게 되었습니다. 자신의 행동에 대해서 책임을 질 줄 아는 사람은 성숙한 사람입니다. 그러므로 성적인 유혹을 받게 될 때마다, 쾌락 이후의 결과를 잊지 말아야 할 것입니다.

강하고 담대하라

셋째, 기도함으로 하나님의 도우심을 구하십시오. 우리의 삶에는 내 뜻대로 되지 않는 것들이 많이 있습니다. 하나님께서 도와주셔야만 해결될 수 있는 일들이 있다는 말입니다. 성적인 문제를 가지고 하나님께 기도할 제목이 되느냐고 반문할지도 모릅니다. 그러나, 윤 일병이 고민하고 있는 문제를 놓고 얼마든지 하나님께 기도할 수 있습니다. 저는 사랑할 수 없는 사람을 사랑하게 해달라고 기도함으로 며느리를 사랑하게 되었던 시어머니의 간증을 들어본 적이 있습니다. 그런가 하면, 성적인 욕망이 저하되어서 만족스러운 부부생활을 하지 못하던 아내가 하나님께 기도함으로 성적인 욕구가 회복되어 행복한 부부생활을 하게 되었던 경우도 있습니다. 이와 같이 자신의 정신적인 문제나 본능에 속하는 것이라고 할지라도, 하나님께 기도함으로 응답받을 수가 있습니다.

그러므로, 윤 일병! 이렇게 기도해 보십시오. "무엇이든지 기도할 때마다 응답하시는 하나님! 성욕을 자극하는 환경 속에 빠져들지 않을 수 있는 의지력을 주시옵소서. 순간적인 쾌락보다는 자신의 행동에 책임을 질 줄 아는 성숙한 신앙인이 되게 하여 주시옵소서. 정상적인 결혼생활을 하기까지 나의 성욕을 절제할 수 있게 하여 주옵소서. 성적인 욕망에 따라 행동하는 것이 아니라 하나님의 말씀을 따라 살게 하여 주옵소서. 아멘."

군생활의 위기와 상담 II리

애인의 변심을 참을 수 없습니다

Q 저는 입대한 지 1년이 된 최 일병입니다. 얼마 전까지만 해도 입대 10개월 전부터 교제해 오던 여자친구와 전화통화나 편지를 통해서 꾸준히 연락을 취해 왔었습니다. 그런데, 2주 전에 받은 편지를 끝으로 더 이상 교제를 할 수 없는 상황이 되었습니다. 그 편지에는 "이런 말 하기가 미안하지만 서로의 행복을 위해서 이제 서로 헤어지는 게 어때? 그 동안 즐거웠어!"라는 내용이 쓰여져 있었습니다. 저는 그 편지를 받고서 분노와 배신감 그리고 복수의 마음 때문에 단 하루도 근무를 제대로 한 날이 없었습니다. 목사님! 어떻게 하루아침에 그처럼 비정하게 마음이 변할 수 있을까요? 이러한 때에는 어떻게 해야 되는지 말씀해 주십시오.

A 변심한 애인의 마지막 편지를 받아들고, 말할 수 없이 고통스러워하고 있을 최 일병의 심정을 충분히 이해할 것 같습니다. 그토록 믿었고 사랑했던 사람이 그리고 제대할 때까지 기다려 주겠다고 약속까지 했던 사람이 갑자기 교제를 중단하자고 했을 때에 놀라거나 괴로워하지 않을 남자가 어디 있겠습니까?

'내가 그토록 사랑했는데 나를 버리다니?' 이러한 배신감 때문에 반드시 복수를 하고야 말겠다는 생각으로 가득 차 있을 수도 있습니다. 또한 '내가 얼마나 못나고 보잘것 없었으면 변심을 했을까?'라는 열등감이 최 일병을 괴롭힐 수도 있을 것입니다. '전화하고 편지를 주고받는 기쁨으로 군생활을 열심히 해왔는데, 이제는 남은 군생활을 무슨 낙으로 할 것인가?'라는 생각 때문에 당장 병영생활에 부적응을 느낄 수도 있을 것입니다. 이러한 상황 속에서 최 일병에게 조금이나마 위로가 되고 남은 군생활에 새 힘이 될 수 있기를 바라면서 몇 가지 조언을 하고자 합니다.

첫째, 분노와 배신감의 감정을 잘 승화시키십시오.

지금 최 일병에게 가장 필요한 것은 최 일병의 상한 감정이 치유함을 얻는 것입니다. 곧 정신적인 안정을 되찾는 것입니다. 그것은 자신의 감정을 솔직하게 토해냄으로써 가능합니다. 만약에 상처 입은 감정을 마음속에 혼자서 품고 있게 된다면, 그러한 정신적인 고통 때문에 아무 일도 손에 잡히지 않고 군생활이 무의미하게 느껴질 뿐 아니라, 육체적인 질병으로까지도 발전할 수 있습니다. 그러므로, 최 일병이 변심한 여자친구에게 느꼈던 여러 가지 감정을 절친한 동료들에게 표현해 보십시오. 혹은 글을 쓰는 시간을 가짐으로 마음을 정돈해 보십시오. 그렇게 함으로 최 일병의 마음속에 맺힌 응어리진 감정을 해소할 수가 있습니다.

사실 인간은 감정의 지배를 받아 행동할 때가 많이 있습니다. 그러나, 인간이 더욱 위대할 수 있는 것은 자신의 감정을 잘 조절하여 승화시킬 수 있는 능력이 있다는 것입니다. 또한 인간은 고통중에 있을 때에 시인이 되고 철학자가 된다는 말이 있습니다. 그러므로 실연의 고통으로 인한 패배자가 아니라 오히려 이러한 기회를 통해서 사랑이 무엇이고 인생이 무엇인지, 나는 누구이고 여자란 어떤 존재인지, 앞

군생활의 위기와 상담 II리

으로 이성교제는 어떻게 할 것인지에 대해 진지하게 생각해 볼 수 있는 기회로 삼을 수 있기를 바랍니다.

둘째, 교제의 단절로 인한 열등감은 금물입니다.

최근에 남자친구가 군복무를 하는 동안 고무신을 거꾸로 신기는커녕 남자가 군화를 뒤집어 신지 못하도록 하느라 진땀을 빼는 여성들이 크게 증가하고 있다는 기사를 본 적이 있습니다. 여기에는 4가지 유형이 있는데, 남자친구의 군복무 기간중에 학업에 몰두하거나 직장생활을 통해 꾸준히 경제적인 안정을 꾀하는 '평강공주형', 아무 생각 없이 무작정 남자 친구의 제대만을 기다리는 '망부석형', 매주 도시락을 싸들고 남자친구에게 면회를 가거나 하루가 멀다하고 편지를 쓰는 '줄리엣형', 남자친구를 기다리는 동안 쉬지 않고 미팅·소개팅·헌팅을 일삼는 '황진이형'이 있다고 합니다.

그러나, 모두가 그런 것은 아닙니다. 선임병들의 경험담을 통해서도 알 수 있겠지만, 최 일병의 애인처럼 입대한 지 얼마 되지 않아서 남자친구를 떠나는 경우도 많이 있습니다. 그럴 경우에 아마도 남자친구를 사랑한다는 여자친구의 고백이 거짓이었거나, 또다른 남자친구가 생겼거나, 아니면 뭇 남성을 유혹하는 끼 있는 여자일지도 모릅니다. 결국은 여자에게 문제가 있는 것입니다. 그러므로 실연을 당했다고 스스로 자기를 비하하거나 열등감을 갖는 것은 절대 안됩니다. 분명한 것은 26개월을 기다릴 수 없는 사랑은 진실된 사랑일 수가 없다는 것입니다. 차라리 일찍 떠난 것이 최 일병을 위해서 잘된 일인지도 모릅니다.

셋째, 실연의 고통을 이기기 위해 변함없으신 하나님을 의지하십

강하고 담대하라

시오.

　미국의 유명한 전도자였던 무디(D. L. Moody) 선생은 이런 말을 했습니다. "그대 자신을 바라보라. 반드시 실망할 때가 있을 것이다. 친구를 바라보라. 그것이 아무 소용없는 것임을 아는 허무한 날이 올 것이다. 그러나 예수 그리스도를 바라보라. 영원한 생명을 얻을 것이다. 영혼이 구원받고 범사가 형통할 것이며 강건한 인생을 살아갈 것이다." 사람과의 약속은 때로 우리를 실망스럽게 하기도 합니다. 그러나 실연으로 생긴 공허하고 답답하고 참을 수 없는 최 일병의 마음을 위로해 주실 분은 변함없으신 하나님이십니다. 더 나아가 하나님은 최 일병을 위해 어디엔가 행복한 가정을 이룰 배우자감을 분명히 예비해 놓으셨을 것입니다.

　그러므로 남은 군생활을 장래의 배우자를 위해서 기도하는 시간으로 삼을 수 있기를 바랍니다. 쉽게 만나서 쉽게 헤어지는 그러한 여자친구보다는, 기도하면서 기다리는 중에 하나님께서는 최 일병에게 꼭 맞는 애인을 만나게 하실 것입니다. 최 일병! 이제 실연의 아픔을 외면하거나 회피하지 말고 도전과 응전을 통해서 자신의 삶을 더욱더 성숙시켜 나갈 수 있기를 바랍니다. 진주조개는 살 속에 모래알이 들어갔을 때 오랜 기간 동안의 아픔의 진액이 뭉쳐서 영롱한 진주가 되는 것입니다.

낙태를 시키고 싶습니다

Q 저는 ○○중대에 있는 민 이병입니다. 군에 들어온 지 얼마 되지 않아 애인으로부터 임신을 했다는 소식을 들었습니다. 그때부터 저는 군생활을 하고는 있지만 모든 일이 손에 잡히지를 않습니다. 결혼하기로 약속한 사이이지만 아직 양가부모님의 동의를 얻지는 못했습니다. 아이를 낳게 된다면, 양가부모님도 놀라실 것이고, 현실적으로 도저히 양육할 여건도 되지 않습니다. 그런데도, 애인은 아기를 낳겠다고 합니다. 저는 이 문제 때문에 괴로워서 어떻게 해야 될지를 모르겠습니다. 첫휴가를 나가서 낙태를 시키고 싶지만 크리스천으로서 죄를 짓는 것 같아 답답할 뿐입니다. 어떻게 해야 좋을지 말씀해 주십시오.

A 민 이병의 사정을 듣고 보니 정말 딱하고 힘든 상황이라는 생각이 됩니다. 현재 민 이병은 군생활을 하고는 있지만 아무것도 손에 잡히지 않고, 오로지 이 문제를 어떻게 해결해야 할 것인가에 대한 생각만이 머리속을 가득 메우고 있을 것입니다.

한 순간의 실수로 인해 닥치게 된 현실적인 고통의 원인 제공자로서 자책하는 마음을 가질 수도 있고, 결혼 전에 애인과 섣불리 육체적인 관계를 가진 것에 대하여 후회하는 마음도 있을 것입니다. 더 나아가 아이를 출산하게 될 경우에 발생하게 될 문제에 대한 온갖 걱정과, 낙태를 시킨다고 해도 신앙 양심상 괴로울 수밖에 없는 민 이병의 입장을 생각하니 안타깝기만 합니다. 그러한 고민은 단지 민 이병만의 고민이 아니라고 생각이 됩니다. 저는 지금까지 군종활동을 하면서, 민 이병과 같은 곤혹스러운 상황 속에서 심리적으로 매우 고통스러워하는 병사들을 종종 보아 왔습니다. 그러므로 저는 이 지면을 통해서 민 이병이 지혜로운 판단을 하는 데 도움이 될 만한 몇 가지 사실에 대해서 말씀을 드리고자 합니다.

첫째, 생명은 하나님이 주신 선물입니다.

민 이병은 애인의 임신이 사랑의 불장난 결과로 우연히 혹은 재수없게 생겨난 것이라고 생각을 할지 모릅니다. 그러나, 성경은 말하기를 공중에 나는 새 한 마리가 떨어지는 데에도 하나님의 섭리가 있다고 할 정도로 우연은 없다고 합니다. 하물며, 천하보다 귀한 한 생명이 탄생하는데 우연이라고 할 수 있을까요? 특히 "자식은 여호와의 주신 기업이요, 태의 열매는 그의 상급이라."고 (시편 127 : 3) 성경은 말합니다.

그러므로 낙태를 한다는 것은 결국 하나님의 선물을 거절한다는 것이며, 생명의 주관자이신 하나님에 대해 월권을 하는 행위입니다. 인간의 생사화복 문제는 전적으로 하나님의 주권에 속한 문제이지 인간이 마음대로 결정할 문제는 아닙니다. 만일 하나님의 아들이며 신앙고백의 대상인 예수 그리스도께서 요셉과 정혼하기 전에 임신했기 때문에 낙태시켰다면, 인류의 구원은 어떻게 되었을 것인가 생각해 보십시오. 민 이병 애인이 임신한 아이가 태어나서 장차 어떠한 인물이 될 것인가를 기대해 본 적이 있습니까?

둘째, 낙태 이후의 문제를 생각해 보십시오.

사람들은 현실적인 형편을 이유로 내세워 낙태를 고집하곤 합니다. 낙태로 인한 갖가지 후유증에 대해서는 별로 관심이 없습니다. 그러나, 낙태는 결코 안전한 것이 아닙니다. 중절수술을 되풀이 하게 되면 습관성 유산이나 조산을 초래하기 쉽다고 합니다. 자연 유산의 경험이 있는 자가 다음에 또 유산을 하게 되는 경우는 7%임에 비해 한 번 낙태를 시킨 자의 경우는 17%나 된다는 보고가 있습니다. 또한 산모에게 치명적인 자궁외 임신이 낙태 후 일어나는 빈도가 4배나 더 많다고 합니다. 수술 후 뒷처리가 완전치 못해 세균 감염이 생겨 불임을 초래할 수도 있고, 하복통이나 요통이나 월경불순 등을 일으킬 수도 있으며, 산모의 죽음을 초래할 수도 있다는 것을 명심해야 합니다.

어느 산부인과 의사의 진찰기록입니다. 대학 2년생이라는 P양이 조심스럽게 진찰실에 들어와서 아이를 낳을 수 없으니 수술을 해달라고 했습니다. 의사는 그녀를 타일렀습니다. 우선 첫임신이요, 두 사람은 사랑하여 결혼까지 약속하였고, 이미 저지른 자신들의 행동은 자신들이 책임을 져야 한다고 강조하였습니다. 그리고 첫임신의 수술은 많은 후유증을 남길 수 있다고 설명하여 주었습니다. 그녀는 상의하여 보겠다며 힘없이 진찰실을 나갔다고 합니다. 민 이병이 애인을 진정으로 사랑한다면, 더구나 결혼할 사이라면, 애인의 임신과 그 후유증에 대해서 누가 책임을 져야 할까요?

셋째, 사랑은 책임을 지는 것입니다.

오늘 너무나 많은 젊은이들이 무책임하게 사랑을 빙자하여, 사랑하지도 않는 여자친구들과 육체적인 관계를 맺습니다. 그렇게 해서 여자

강하고 담대하라

친구가 임신이라도 하게 되면, 재수가 없어서 그렇게 되었다고 생각을 하고, 무조건 낙태를 강요하기도 합니다. 이에 대해서 민 이병은 어떻게 생각하는지요? 사실 사랑은 책임을 지는 것입니다. 책임을 지기 위해서는 때로 고통과 희생이 따르기도 합니다. 진정으로 사랑하는 사이라면, 그러한 고통을 감수하고 인내해야 할 것입니다.

어떤 이는 상대편 남자가 떠났기 때문에, 아무런 희망이 없는데도 '책임은 내가 지겠다' 또는 '하늘에 부끄럽다'는 이유로 임신된 아이를 낳으려 하고, 어떤 미혼모는 보호시설에 있으면서 태어난 후에 양자로 보낼 계획으로 뱃속에 있는 아이에게 태교를 시키는 경우도 있다고 합니다. 그것이 자신으로서는 최선을 다하는 일이라는 것입니다. 민 이병은 결혼을 약속하고 있는 애인을 진정으로 사랑하고 있는지요? 임신된 아이가 하나님이 주신 선물이라는 사실을 믿음으로 받아들일 수 있는지요? 이런 질문에 동의한다면, 이미 민 이병의 문제 해결방안은 나왔다고 봅니다. 아무쪼록 후회없는 현명한 판단을 내릴 수 있기를 바랍니다.

군생활의 위기와 상담 II리

어떤 여성과 결혼해야 할까요?

Q 목사님! 저는 모 중대에 근무하는 김 상병입니다. 입대 전에 교제하던 여자친구가 있었는데, 편지가 끊어진 지도 오래되었습니다. 물론 결혼을 전제로 한 것은 아니었기 때문에, 크게 충격을 받지는 않았습니다. 그러나 그러한 일을 계기로 해서 앞으로 나는 어떠한 여자와 결혼을 해야 할 것인가에 대해서 생각을 하게 되었습니다. 사실 결혼이라는 것은 인생에 매우 중요한 사건이므로 결혼할 배우자를 신중하게 결정을 해야 된다고 생각을 합니다. 그런데 저는 교회를 다니고 있기 때문에 성경적인 결혼관에 대해서 알고 싶습니다. 이에 대해서 도움의 말씀을 해주셨으면 합니다.

A 먼저 김 상병이 여자친구와 헤어져야만 했던 아픈 경험을 이겨내고, 군생활에 잘 적응하고 있는 것을 보니 매우 다행스럽습니다. 그리고 장차 결혼해야 될 배우자 선택의 문제를 놓고, 특히 성경적인 결혼관에 대해서 알고 싶어 하는 모습을 볼 때에, 김 상병이 신앙적으로도 매우 성숙한 그리스도인이라는 생각이 듭니다.

성경적인 결혼관은 "사람이 그 부모를 떠나서 아내에게 합하여 그 둘이 한 몸이 될지니라."라는 마태복음 19장 5절에 잘 나타나 있습니다. 여기에는 다음과 같은 의미가 내포되어 있습니다. 첫째, 부모를 떠난다는 것은 정신적·경제적 독립을 의미합니다. 둘째, 둘이 하나가 된다는 것은 부부가 마음과 뜻이 하나로 일치되는 것을 말합니다. 그렇기 때문에 배우자를 선택할 때에는 가치관이나 신앙이 하나로 될 수 있어야 합니다. 이와 같은 지식을 기초로 해서 김 상병이 배우자를 선택하는 데 몇 가지 도움의 말씀을 드리고자 합니다.

첫째, 배우자를 위해 기도하는 시간을 가지십시오.

결혼은 인생에 가장 중요한 사건 중의 하나이기 때문에, 이를 위해서 기도로 준비하는 일이 무엇보다도 필요합니다. '항해를 하러 갈 때에는 한 번 기도하고, 전쟁터에 나갈 때에는 두 번 기도하고, 결혼을 하게 될 때에는 세 번 기도하라'는 러시아의 격언이 있습니다. 그러므로 그리스도인은 하나님께서 자신에게 맞는 배필을 허락해 주실 것이라는 믿음으로 기도하는 자세가 우선적으로 필요합니다.

물론, 배우자를 선택하는 기준은 사람의 가치관에 따라 다를 수도 있습니다. 자신의 부족한 면을 채워줄 수 있는 배우자를 구하는 사람이 있는가 하면, 자신과 비슷한 가치관이나 성격을 좋아하는 사람도 있습니다. 또한 아름다운 외모보다는 여성의 내적인 미를 더 중요시하는 사람도 있습니다. 여자측의 가문과 경제적인 배경을 중요시하는 사람도 있고, 또한 학력이나 교양미를 중요시하는 경우도 있습니다. 그리고 같은 신앙인이어야 된다는 것을 우선으로 삼거나, 명랑한 성격을 우선으로 생각하는 사람도 있습니다. 그러므로 김 상병은 어떤 여자가 자신의 부족함을 채워줄 수 있을 것인지, 또한 어떠한 여성과 결혼을 해야 부부간에 연합하여 하나가 될 수 있을지, 구체적인 기준을 기도하면서 정하십시오. 또한 구하는 이에게 주시며, 찾는 이에게 얻게 하시는 하나님의 약속을 믿고, 하나님께서 김 상병에게 맞는 배우자를

군생활의 위기와 상담 II리

허락해 주실 것을 기대하며 기도하십시오.

둘째, 충분히 교제할 시간을 가지십시오.

우리는 종종 한눈에 반해서 결혼을 했다고 하는 사람들을 보게 됩니다. 그러나, 반평생을 같이 살아야 하는 배우자를 그렇게 순간적인 직감만을 가지고 결정해서는 안될 것입니다. 그렇기 때문에 서로를 알기 위해서 어느 정도 교제의 시간이 필요합니다. 교제 기간 동안에 각자의 생각이나 가치관에 대해서 이야기하고, 미래에 대한 자신들의 꿈과 비전은 어떤 것인지 확인해 볼 수 있습니다. 또한 어려움에 처하게 될 것을 가상해서 서로의 의견을 나눌 수도 있습니다.

무엇보다도, 상대방의 성격 특성, 곧 상대방을 어느 정도 배려해 줄 수 있는지에 대한 여부도 알 수 있게 됩니다. 이 밖에도 신앙에 대해서, 직업관이나 물질관에 대해서, 가정의 행복이나 대인관계에 대해서, 그리고 서로가 관심을 가지고 있는 분야에 대해서도 충분한 대화의 시간을 가져야 합니다. 그러나 일부 젊은 남녀들은 만나서 즐기고, 때로 쾌락적인 시간만을 위해 데이트를 합니다. 결국 정욕적인 사랑에 푹 빠져서 상대방이 정말 나에게 맞는 이상적인 배우자감인지 올바른 판단을 하지 못하게 됩니다. 그러므로, 김 상병에게 맞는 배우자를 찾기 위해서는 건전한 교제의 기간을 갖는 일이 무엇보다도 중요하다고 생각합니다.

셋째, 어떻게 사랑하며 살 것인가가 더욱 중요합니다.

보통 교제 기간 동안에는 진실한 감정을 숨기고 좋은 점만 보이려고 노력을 합니다. 그래서, 교제는 일종의 가면을 쓴 게임일 수도 있습니다. 중요한 것은 교제할 때의 마음가짐으로, 결혼 후에도 가정생활을

강하고 담대하라

이루어 나가겠다는 다짐입니다. 보통 교제를 할 때에는 서로가 다르기 때문에 그것이 좋아서 결혼까지 이르게 됩니다. 이혼하는 사람들은 서로의 생각과 성격이 너무나도 달라서 도저히 같이 살 수 없어 헤어진다고 합니다. 곧, 결혼을 하게 되는 동기와 이혼을 하게 되는 동기가 동일하다는 것입니다. 이는 매우 역설적인 것입니다.

그러면, 무엇이 문제입니까? 그것은 바로 상대방을 진심으로 사랑하고 있느냐 그렇지 않느냐의 차이일 것입니다. 사랑이 풍성하면, 나와 상대방이 아무리 달라도 그것이 문제가 되지 않습니다. 그러나 사랑이 식어지면, 나와 상대방이 다르다는 것을 트집잡아서 이혼을 하자고 합니다. 사실 20년이 넘는 기간 동안에 서로 다른 가정환경 속에서 성장한 남녀가 갈등이 없이 가정생활을 한다는 것이 쉬운 일은 아닙니다. 거기에는 서로의 다른 점을 이해해 주고 아껴 주는 사랑이 있어야 합니다. 교제 기간 동안에 아무리 나에게 맞는 배필이라는 확신이 들어서 결혼을 했어도, 사랑이 식게 되면 언제라도 헤어질 수 있는 가능성이 있기 때문입니다. 그러므로 상대방이 나에게 결혼할 배필로서 맞는지 맞지 않는지 확인하는 것도 중요하지만, 끝까지 상대방을 사랑할 수 있는가의 여부가 더욱 중요한 것입니다.

순결을 꼭 지켜야 되는 겁니까?

Q 저는 ○○부대에서 근무하는 김 일병입니다. 얼마 전에 첫휴가를 나갔었습니다. 그때에 평소에 가까이 지내던 여자친구와 함께 육체적인 관계를 갖게 되었습니다. 물론 우리는 서로 사랑하는 사이일 뿐 아니라, 장래를 약속한 사이이기도 합니다. 제가 생각하기로는 남녀간에 서로 사랑한다면 육체적인 관계는 자연스러운 것이고, 또한 순결이라는 것도 문제가 되지 않는다고 생각을 합니다. 그러니까 저의 생각에는 순결이라는 것도 시대적인 흐름에 따라 변할 수 있는 하나의 이데올로기와 같은 것이라고 봅니다. 그러므로, 요즘같이 성적으로 개방되어 있는 시대에 순결을 지킨다는 것이 정말 의미가 있는지요?

A 김 일병이 궁금해하고 있는 것은 대단히 중요한 문제이며, 김 일병과 같은 젊은이들이 누구나 한 번쯤 고민해 보았을 수도 있는 문제라고 생각을 합니다. 사실 요즘처럼 성적으로 개방되어 있고, 윤리적으로 자유분방한 때도 없었던 것 같습니다. 그러다 보니, 많은 젊은이들이 성윤리 가치관의 혼돈으로 빠져들게 되었습니다.

그래서 과거에 미덕으로 여겼던 순결이 오늘날에는 낡아 빠진 하나의 이데올로기라고 평가절하하는 세대가 되어 버렸습니다. 순결을 말하는 사람을 오히려 시대의 변화에 뒤떨어진 사람으로 여길 정도입니

강하고 담대하라

다. 그러므로, 저는 김 일병이 제기한 '순결의 의미와 필요성'에 대해
서 몇 가지 말씀을 드리고자 합니다.

첫째, 순결의 문제 이전에 진정한 사랑이 무엇인지 알아야 합니다.

분명히 김 일병은 사랑하기 때문에 장차 결혼할 애인과 육체적인 관
계를 맺었다고 했습니다. 과연 진정한 사랑이란 무엇입니까? 지금까지
장병들을 대상으로 교육을 시켜 본 바에 따르면, 대부분 '사랑이란 느
끼고 끌리는 것'이라는 감정적인 면에 치우쳐 있음을 볼 수 있었습니
다. 더 나아가 사랑의 최고의 표현은 서로간에 육체적 쾌락을 충족시
켜 주는 것이라는 사고방식을 가지고 있었습니다.

그러나, 온전한 사랑은 감정적인 면으로만 치우치는 것이 전부가 아
닙니다. 거기에는 지·정·의라고 하는 인격의 세 가지 요소가 균형
있게 작용하여야만 온전한 사랑이라고 할 수 있습니다. 곧, 감정적으
로 사랑(때로는 성적인 욕구)을 느끼더라도, 아직 부부관계가 아니기
때문에 의지적으로 성적인 욕구를 절제하는 것도 사랑의 한 요소입니
다. 그런데 대부분의 젊은이들은 왕성한 호르몬작용으로 인해 여자에
게 느끼는 성적인 욕구를 사랑이라고 혼돈하고 있습니다. 또한 그러한
사랑을 빙자해서, 애인의 순결을 빼앗는 경우가 허다합니다. 그러한
것은 결코 아름답고 순결한 사랑이 될 수 없습니다. 그러므로 김 일병
이 진정으로 애인을 사랑한다면 육체적인 관계 이외의 다른 방법을 통
해서 사랑을 표현해야 합니다. 김 일병은 아직 결혼을 하지 않았기 때
문입니다.

둘째, 결혼의 원리를 알 때에 이 문제가 해결됩니다.

어떤 젊은이가 저에게 "목사님! 결혼할 사이임에도 결혼 전에 육체

적인 관계를 가져서는 안되는 이유가 무엇입니까?"라고 질문을 했습니다. 저는 그 문제에 대해서 이렇게 답변해 주었습니다. 성경에 보면 (마가복음 10 : 6-8) "결혼이라는 것은 한 남자와 한 여자가 그 부모를 떠나 둘이 하나가 되는 것이라."고 했습니다. 여기에서 중요한 것은 결혼을 통해서 두 남녀가 비로소 하나가 된다는 것입니다. '하나가 된다'는 것은 육체적인 관계를 통해서 하나가 되는 것과 마음이 하나로 되는 것과 영적으로 하나가 되는 것을 의미합니다. 그러므로 아직 부부지간이 아닌 상태에서, 앞으로 결혼할 것이라는 약속만을 가지고 육체적인 관계를 갖는다는 것은 성경에서 말하는 결혼의 원리에 어긋나는 것입니다.

그러므로, 남녀간의 육체적인 관계는 결혼이라는 제도 속에서만 바람직한 것입니다. 예를 들면, 이와 같습니다. 벽난로가 설치되어 있는 집에서 거실을 따뜻하게 하려면 벽난로 안에서 불을 지펴야만 합니다. 만일에 거실 안을 더 따뜻하게 하겠다고 벽난로 안에 있는 불을 밖으로 꺼내오게 되면, 분명히 그 집은 화재로 인하여 다 타버릴 것입니다. 이와 같이, 남녀간의 육체적인 관계도 결혼이라는 제도 속에서 이루어질 때에 그 가정은 포근하고 행복할 수 있습니다. 결혼 밖에서 이루어지는 불장난은 언제 무슨 사고를 일으킬지 모르는 위험한 것입니다.

셋째, 진정한 사랑은 오래 참는 것입니다.

저는 두 종류의 젊은이를 만난 적이 있었습니다. 한 젊은이는 김 일병의 생각처럼 '나는 여자친구를 사랑하기 때문에 서로간에 육체적인 관계를 가질 수 있다'고 당당하게 말했습니다. 반면에, 또 한 젊은이는 '나는 나의 애인을 진정으로 사랑하기 때문에 결혼 전까지 순결을 지

강하고 담대하라

키겠습니다'라고 말을 했습니다. 똑같이 애인을 사랑했지만, 사랑하는 방법은 서로가 달랐습니다. 김 일병은 누구의 사랑이 더 아름답고 고상하다고 생각하십니까? 고린도전서 13장에 보면 "사랑은 오래 참고 인내하는 것이라."고 했습니다.

우리는 사랑하는 사람들에게 상처를 남기지 않기 위해서 참아야 할 때가 많이 있습니다. 특히 이성간의 사랑에는 더욱더 인내와 절제가 필요합니다. 대개 육체적인 관계를 가진 다음에 서로간의 관계가 더욱 친밀해지기보다는 더욱 멀어지는 예가 많이 있습니다. 남자의 입장에서는 성의 신비감에 대한 충족 후에 끝까지 정조를 지키지 못한 여자에 대해서 흥미를 잃을 수도 있습니다. 반면에, 여자는 심리적으로 남자에게 더 많은 것을 요구하게 되어 남자로 하여금 귀찮은 존재로 여길 수도 있게 만듭니다. 이 밖에도 결혼 전에 성적인 욕구를 절제하지 못한 습성이 결혼 후에도 이어질 수도 있다는 생각이 서로를 불신하게 만들 수도 있습니다. 그러므로 김 일병의 경우 사랑하는 애인과 현재의 교제를 더욱 아름답게 지속시키고 장차 행복한 가정생활을 만들기 위해서 이제부터라도 성적으로 절제하는 태도를 취해 보십시오. 분명히 이전보다 더 아름다운 사랑의 교제가 지속될 것입니다.

Ⅲ. 영적 성장을 위한 기도

전쟁 가운데 부상병들에게 주어지는 의료 절차가 있습니다. '트라이이지'라고 불리는 이 절차는, 군의관이나 진료 담당자들이 환자의 부상 정도에 따라 색깔있는 꼬리표를 붙여 줌으로써 부상병을 분류하는 절차이지요.

세 가지 색깔의 꼬리표가 있었는데, 첫번째 색깔은 가망이 없는 환자로 곧 목숨을 잃을 것이라는 뜻이었고, 두 번째 색깔은 치료를 하든 안하든 살아날 가망이 있는 환자라는 뜻이었습니다. 세 번째는 예측하기가 힘든 환자로, 치료를 해주어야만 회복이 가능하다는 뜻이었습니다. 의료 보급품과 담당자들이 부족한 탓에 이 세 번째 환자들만 치료하고 간호해 주었지요.

영적 성장을 위한 기도 II

루이라는 한 미군 병사가 있었습니다. 한국전에 참전한 그는, 로켓 포탄에 맞아 한 쪽 다리를 잃고 심한 부상을 입은 상태였지요. 그를 처음으로 살펴본 의사는, 그가 살아날 가망이 없다는 진단을 내리고, 첫번째 색깔의 꼬리표를 붙여 주었습니다. 그래서 그 의사는 루이가 죽도록 내버려 두었지요.

그런데 루이가 의식을 회복하는 것을 본 어떤 간호사가 루이에게 말을 걸었고, 그 대화 속에서 자신들은 같은 오하이오 주의 사람이란 것을 알게 되었습니다. 이 짧은 대화를 나누는 동안, 간호사는 다른 병사들과는 달리 그에게 인간애를 느끼게 되었고, 마침내는 그를 죽게 놔둘 수 없다는 생각이 들었지요. 그래서 그 간호사는 진료 규칙을 어기고, 그의 첫번째 꼬리표를 치료를 해주라는 표시인 세 번째 꼬리표로 바꾸어 달아 주었습니다.

곧, 앰불런스에 몸을 싣고, 이틀이 걸려 루이는 가장 가까운 야전 병원으로 후송되었습니다. 그 곳에서 몇 달 동안 치료를 받아 마침내 부상에서 회복되었습니다. 그리고 비록 한쪽 다리는 없지만, 자신의 생명을 구해 준 그 간호사와 결혼하여 행복한 삶을 누렸습니다.

이 모든 일이 한 간호사의 용감한 행동에서 비롯되었지요. 바로

강하고 담대하라

꼬리표를 바꾸었던 행동 말입니다.

이와 같은 일들이 우리에게도 요청되고 있습니다. 세상 영혼들에게 붙어 있는 죽음의 꼬리표를 예수라는 생명의 꼬리표로 바꿔 주는 일 말입니다. 예수님께서 문둥병 환자를 만지셨을 때도 기적이 나타났듯이, 가망이 없는 사람은 아무도 없습니다.

군생활 속에서 많은 이들이 고민하는 내용 가운데 하나가 진정한 자기의 발견에 관한 것입니다. 모든 것이 거짓으로 가득 찬 현대 사회 한복판에서 참삶, 참가치, 참종교, 참친구, 참스승, 참자기를 찾아 보려는 몸부림을 깊이 들여다볼 수 있습니다.

그것은 매우 소중한 인생의 통과 의례라고나 할까요? 이 땅의 젊은이가 반드시 거쳐야 할 삶의 도전이요 생의 과제라고 생각합니다. 누구도 피해 갈 수 없는 그 벅찬 관문을 다른 곳도 아니고 바로 군대라는 삶의 자리에서 통과해 가고 있는 것입니다.

그것은 신앙적인 표현으로 바꾸어 말하면, 영적 전쟁 (Spiritual War) 이라고도 할 수 있을 것입니다. 악이 난무하는 세상에서 진정 그리스도인이 추구해 가야 할 삶의 목표와 희망을 발견하려는 젊은 장병 여러분이 영적인 싸움에서 이기려면 어떻게 해야 할까

영적 성장을 위한 기도 II

요? 무엇보다도 싸워 이길 수 있는 전쟁이 되려면, 뛰어난 전략을 수립하고 악의 세력을 단번에 무찌를 수 있는 현대적인 첨단 무기도 갖추어야 할 것입니다. 다음에 소개하는 기도들은 바로 그런 필요를 느끼는 이들에게 매우 유용한 도움 자료가 될 것입니다. 부디 영적인 전쟁에서 기도로 승리하십시오!

강하고 담대하라

사랑의 힘 외에는

데살로니가후서 3:16   ＊찬송 473장

영원하신 하나님,
하나님의 완전한 나라 안에는
의로움의 칼 외에는 뽑을 칼이 없으며,
사랑의 힘 외에는 발휘할 힘도 없습니다.
그러므로 하나님의 영을 힘있게 펼치시어,
온 백성이 하나님의 자녀로서,
평화의 왕자이신
그리스도의 깃발 아래 모이게 해주십시오.
예수 그리스도의 이름으로 기도드립니다. 아멘.

기쁨과 슬픔 가운데서

고린도전서 12:26-27   * 찬송 278장

인류를 한가족으로 새롭게 하시려는 일상 생활의 주님, 온 땅의 주인이시여, 한피를 나눈 모든 민족과 인종을 죄와 용서로 하나되게 하시고, 기쁨과 슬픔 가운데서 하나되게 하셨으니, 이제 저희가 주님의 뜻에 한마음으로 순종하게 해주십시오.

저희가 구하기 전에 이미 저희의 연약함을 아시고 저희의 간구 속에 숨어 있는 우매함을 간과하시는 은밀한 영혼의 주님이시여, 주님께서 친히 이 인류를 다스리시고 저희의 지도자들을 이끄시어, 보잘것없는 욕망과 공포에서 저희를 건지시고, 저희의 수고와 즐거움을 신선하게 해주십시오. 예수님의 이름으로 기도드립니다. 아멘.

그리스도인의 한 가지 일

고린도전서 2:10   *찬송 518장

창조주 하나님, 저희는 세상의 문제들을 해결할 능력이 없습니다. 모든 필요에 대처할 수도 없습니다. 만사를 처리할 재간도 없습니다. 모든 사람을 그리스도께 인도할 수도 없습니다. 굶주리는 사람을 모두 먹일 수도 없습니다.

그러나 하나님, 비록 저희가 아무 것도 못할지라도, 그 어떤 한 가지 일은 할 수 있음을 저희는 압니다. 지금의 모습 그대로 저희를 하나님 손에 바치오니, 저희를 받아 주십시오. 이렇게 저희 자신을 하나님께 위탁할 때 비로소 저희는 '그리스도인'이라 불릴 가치가 있음을 확신합니다. 아멘.

전적인 헌신

빌립보서 1:20 *찬송 355장

전능하신 하나님,
저희의 마음을 하나님께 이끄시고,
저희의 정신을 인도하시며,
저희의 상상력을 채우시고,
저희의 의지를 통제하시어,
저희가 온전히 하나님의 것이 되고,
전적으로 하나님께 헌신할 수 있도록 해주십시오.
하나님께서 뜻하시는 대로,
하나님의 영광과 하나님의 백성의 복지를 위하여
늘 저희를 사용하여 주십시오.
저희의 주님이시며 구원자이신
예수 그리스도의 이름으로 기도드립니다. 아멘.

주 안에서 시작할 때

시편 23:1　＊찬송 446장

주님,

저희가 행동을 할 때마다,

주님의 가장 은혜로우신 호의로

저희를 이끌어 주시고,

주님의 끊임없는 도우심으로 나아가게 하시어,

저희가 하는 일마다,

주님 안에서 시작하고, 계속하고, 끝낼 때,

주님의 거룩하신 이름에 영광을 돌리며,

마침내는, 주님의 자비로,

영원한 생명을 얻게 해주십시오.

우리 주 예수 그리스도의 이름으로 기도드립니다. 아멘.

치유하시는 손길

마가복음 3:5 ＊찬송 530장

전능하시고 자비로우신 하나님, 하나님께서는 깨어진 생명을 치유하시려 예수 그리스도를 보내셨습니다. 오늘도 의사들과 간호사들을 통하여 치료하시고, 첨단 의학 기술로 저희에게 복을 내리시니 하나님을 찬양합니다. 저희가 몸과 마음에 병을 얻어, 주님의 치유하시는 손길을 고대하는 이들을 위하여 기도할 때, 온전케 해주시겠다는 하나님의 약속을 선언합니다.

약한 이를 강하게 해주시고, 병든 이를 건강하게 해주시며, 깨어진 이를 온전하게 하시고, 하나님의 사랑의 대리인으로서 그들을 섬기는 이들에게 확신을 주십시오. 그래서 모든 이들이 힘차게 새로워져서, 죽음을 정복하신 부활의 그리스도를 가리키며, 영원히 살 수 있게 해주십시오. 예수님의 이름으로 기도드립니다. 아멘.

형제 눈의 티는 잘 보면서

시편 51:7   * 찬송 212장

주님, 저희는 형제 눈의 티는 잘 보면서,
저희 눈의 들보는 보지 않으려고 합니다.
저희는 남을 원망하는 습성을 가지고 있으면서,
저희가 남에게 준 상처는 기억하지 않습니다.
저희는 사회의 어두운 면을 지적하면서,
저희가 사회를 밝히려고 노력하지는 않습니다.
저희는 남을 비판하는 데 열중하면서,
저희가 협력하거나 도와야 할 일에는 미적거립니다.
저희는 남의 성공을 시기하면서,
저희가 노력하려고는 하지 않습니다.
저희는 남의 장점을 칭찬하지 않으면서,
저희의 장점을 부풀려 보이려 합니다.
저희는 남의 친절과 미소를 바라면서,
저희가 베풀어야 할 친절에는 인색합니다.
저희의 죄를 맑게 씻기시는 주님,
저희 속에 정결한 마음을 만들어 주십시오. 아멘.

창조의 말씀으로

시편 24:1　＊찬송 78장

전능하신 하나님,
하나님의 창조의 말씀으로
바다에 수많은 종류의 생물이 가득 차고,
공중에는 새들이 가득 차게 되었습니다.
저희는 하나님의 창조의 풍요로우심을 기뻐하며,
이 땅에 살고 있는 모든 이를 위하여
지혜 주시기를 간구합니다.
그래서 저희가 하나님이 저희와 저희 후손을 위하여
만들어 주신 것을 슬기롭게 관리함으로써
파괴시키지 않도록 해주십시오.
예수님의 이름으로 기도드립니다. 아멘.

추수할 들녘을 바라보며

마태복음 9:37　＊찬송 308장

　하늘과 땅을 지으신 하나님, 풍성한 과실은 피조물의 즐거움이요, 영근 오곡은 진실의 표징입니다. 하나님께서 선물로 주신 이 신비한 자연을 함부로 망가뜨려 온 저희의 죄에도 불구하고, 한 해의 첫열매를 거두게 해주시니 감사할 따름입니다.

　고된 노동과 반복된 생활 속에서도, 각박한 정치 경제의 여건 속에서도, 이제 여름을 마무리하고 추수할 들녘을 바라보며, 저희 모두가 겸허히 감사의 조건을 찾게 해주십시오. 이 아름다운 계절에 저희도 더욱 성숙한 신앙으로, 선한 경쟁을 하며, 영원한 생명에 동참케 해주십시오. 그리스도의 이름으로 기도드립니다. 아멘.

가을의 기도

사도행전 14:17   ＊찬송 311장

  가을에는 기도하게 해주십시오. 모든 것이 맑아지는 때를 기다려 저희에게 겸허한 모국어를 채워 주십시오. 가을에는 청결하게 해주십시오. 여름내 조성되었던 체증과 더러움을 맑히사 사회의 부패와 개인의 타성을 일소하여 주십시오. 가을에는 회개하게 해주십시오. 위정자와 온 국민이 저마다 허물을 통감하고 회개의 진실한 울음을 터뜨리게 해주십시오.

  가을에는 열매맺게 해주십시오. 열매가 생명 가진 것들의 마지막 풍속이라면 저희에게도 풍성한 성숙이 열리게 해주십시오. 가을에는 불타게 해주십시오. 단풍잎이 그 삶의 정점에서 불탈 때 저희도 사랑의 화신으로 불타게 해주십시오. 예수 그리스도의 이름으로 기도드립니다. 아멘.

탐스러운 꽃들을 생각하며

시편 19:1　✱찬송 33장

　가장 은혜로우신 하나님, 아름다운 땅과 하늘과 바다를 생각하며, 풍요로운 산과 평야와 강을 생각하며, 노래하는 새들과 탐스러운 꽃들을 생각하며, 저희가 하나님께 감사를 드립니다. 저희가 이 좋은 선물들을 주신 하나님을 찬양하며, 저희 자손을 위하여 그것들을 보호할 수 있기를 기도합니다.

　비오니, 저희가 하나님의 풍성한 창조 세계를 크게 기뻐하며 계속 자라게 할 수 있도록 해주시어, 하나님의 이름에, 이제부터 영원토록, 영광과 존귀를 돌리게 해주십시오. 예수님의 이름으로 기도드립니다. 아멘.

인류는 한가족

고린도전서 12:26-27 ＊찬송 272장

하나님, 하나님께서는 저희를 하나님의 형상대로 지으셨고, 성자 예수님을 통하여 저희를 구원하셨습니다.

온 인류 가족을 굽어살펴 주시고, 저희 마음을 오염시키는 오만과 증오를 물리쳐 주시며, 저희를 갈라서게 하는 장벽을 허무시고, 사랑의 끈 안에서 저희를 하나 되게 하시며, 저희의 투쟁을 통해, 이 땅에서 하나님의 목적을 이루시도록 역사해 주십시오.

그래서, 하나님의 선하신 때에, 온 민족과 종족이 하나님의 하늘 보좌 주위에서 조화롭게 하나님을 섬길 수 있도록 해주십시오. 예수 그리스도의 이름으로 기도드립니다. 아멘.

유일한 희망

요한복음 8:12 ＊찬송 95장

영원하신 하나님, 저희의 유일한 희망이시요, 어려운 때 도움이 되시는 이여, 민족들에게 차이를 극복할 수 있는 길을 보여 주십시오. 위협이 증가되거나, 힘이 무자비하게 쓰이지 않게 해주십시오.

하나님의 뜻이 인간의 고집을 압도하게 하시어, 사람들이 갖가지 주장을 한마음으로 평화롭게 해결할 수 있도록 해주십시오. 충동적인 이들을 자제시켜 주시고, 복수에 대한 열망 때문에 저희의 공통적인 복지를 짓밟지 말게 해주십시오.

평화의 왕이요 저희 모두의 구원자이신, 예수 그리스도를 통하여, 이 땅에 평화를 가져다 주십시오. 예수님의 이름으로 기도드립니다. 아멘.

구국 제단

시편 146:1-10   *찬송 383장

온 시대의 하나님, 하나님께서 지켜보시는 민족들이 일어나고 넘어지며, 위험한 때를 통과합니다.

지금 저희 땅이 어려움에 처해 있으니, 가까이 오시어 판단하시고 구해 주십시오. 지도자들이 하나님의 지혜로 인도받게 하시고, 그들이 하나님의 뜻을 추구하며 그것을 밝히 알게 해주십시오.

저희가 하나님의 길을 떠났을 때, 도우시어 저희의 길을 되돌려 주시고 회개하게 해주십시오. 저희에게 하나님의 빛과 하나님의 진리를 주시어 저희를 이끌어 주십시오.

이 세상의 주님이시며, 저희의 구원자이신, 예수 그리스도의 이름으로 기도드립니다. 아멘.

강하고 담대하라

조국이여, 울어라

시편 33:8-22   *찬송 521장

　전능하신 하나님, 이 땅의 온 백성을 다스리시는 이여, 비오니, 한민족으로서 저희의 결점을 용서하여 주시고, 저희의 마음이 진리를 보고 사랑할 수 있도록 정화시켜 주시며, 저희의 지도자들에게 지혜를 주시고, 저희의 백성들에게 변치 않는 마음을 주십시오.

　그래서 마침내는 자비와 정의와 선함을 토대로, 하나님께서 직접 세우시고 만드신, 아름다운 평화의 도시에 저희가 이르게 해주십시오. 성자, 우리 주 예수 그리스도의 이름으로 기도드립니다. 아멘.

정의가 강물처럼

이사야 9:2-3   ＊찬송 371장

전능하신 하나님, 하나님께서는 이 좋은 땅을 저희에게 유산으로 물려주셨습니다. 저희가 늘 하나님의 관대하심을 기억하고, 계속해서 하나님의 뜻을 행하게 해주십시오. 정직한 산업과, 건전한 학습과, 존경할 만한 생활 양식으로 저희의 땅을 복내려 주십시오.

저희를 폭력과 부조화와 혼란으로부터, 교만과 오만으로부터, 모든 악한 길로부터 구해 주십시오. 여러 지역에서 흩어져 살면서 저마다 다른 방언을 사용하고 있는 저희를 한백성이 되게 해주십시오.

자유를 보호해 주시고, 저희가 뽑은 위정자들에게 지혜의 영을 내리시어, 저희 사는 이 땅에 정의와 평화가 넘치게 해주십시오. 번영의 때에는 감사하게 하시고, 고생의 때에는 믿음을 잃지 않게 해주십시오. 이 모든 말씀을 우리 주 예수 그리스도의 이름으로 기도드립니다. 아멘.

강하고 담대하라

모든 것의 출발은 가정

시편 128:1-4 * 찬송 305장

영원하신 하나님, 저희의 창조자시여, 하나님께서는 저희가 가정을 이루어 살도록 정해 놓으셨습니다. 비오니, 하나님의 백성들이 살고 있는 온 가정을 돌보아 주십시오. 비오니, 가족들이 서로에게 상처를 입히는 말과, 개인적인 승리를 쟁취하고자 하는 열망과, 자만심으로부터 끊임없이 자유로워질 수 있도록 해주십시오.

가족들을 믿음과, 미덕과, 지혜와, 겸손과, 인내와, 경건으로 가득 채워 주십시오. 결혼으로 하나가 된 이들을 변함없는 애정으로 한데 묶어 주십시오.

자녀들과 부모들이 서로를 온전히 존경하게 하시고, 저희 모두 가운데 친절의 불꽃이 타오르게 하시어, 저희가 서로를 위해 애정을 드러낼 수 있도록 해주십시오. 우리 주 예수 그리스도의 이름으로 기도드립니다. 아멘.

일주일의 희망

골로새서 1:24　＊찬송 242장

전능하시고 영원히 살아 계시는 하나님,
하늘과 땅의 만물을 다스리시는 이여,
이 군인 교회를 위한 저희의 기도를 들어 주십시오.
신실한 이들을 강하게 해주시고,
무관심한 이들을 각성시키시며,
참회하는 이들을 회복시켜 주십시오.
일상 생활에 필요한 것들을
저희에게 모두 베풀어 주시고,
하나님의 거룩한 교회 안에서,
일 주일의 피곤을 깨끗이 씻게 하시고,
분주한 생활 속에서도 참된 쉼을 누리게 하시며,
저희 모두가 한마음 한뜻이 되게 해주십시오.
우리 주 예수 그리스도의 이름으로 기도드립니다. 아멘.

구원의 날개 아래

이사야 66:23 *찬송 478장

　살아 계신 하나님, 오늘 이 아침에 저희들을 불러 주시고 한데 모여 하나님을 예배하게 해주시니 감사합니다. 저희들에게 생명을 주셔서 이 땅에서 주님의 알고 살아가게 하신 것도 감사한데, 특별히 이 젊은 날 푸른 제복을 입히시고 나라와 민족을 위하여 봉사하게 하시니 감사합니다. 저희는 이 모든 군생활의 과정 하나하나가 부족한 저희를 장차 하나님 나라의 도구로 크게 사용하시려는 하나님의 특별한 계획과 훈련과 섭리 속에서 진행되고 있음을 확신합니다.

　저희에게 복음을 주신 하나님, 하나님의 말씀 한마디로 피조물이 사방에 만들어졌으며, 저희도 생명의 숨을 받았습니다. 하나님의 말씀 한마디로 죽음이 극복되고, 그리스도께서도 무덤에서 살아나시며, 저희도 성령의 능력 안에서 새 생명을 얻었습니다. 저희가 저희 입술의 말과 저희 삶의 행실로 이 기쁜 소식을 부대 안에서 담대히 선포하게 하시어, 하나님께서 강권적으로 함께 하심을 늘 기뻐할 수 있도록 해주십시오.

의로우신 하나님, 하나님께서는 가난한 이들이 하나님 나라를 차지하며, 마음이 온유한 이들이 땅을 기업으로 받을 것이라고 저희에게 가르쳐 주셨습니다. 교회가 가난한 이들에게 복음을 전할 수 있을 만큼 충분히 가난을 유지하게 하시고, 멸시받는 이들과 함께 걸을 수 있을 만큼 충분히 겸손을 유지하게 해주십시오. 하나님의 교회를 헛된 생색이나 헤픈 위로로부터 구하시어, 저희가 빛을 전하고 세상 곳곳을 감동시킴으로써, 예수 그리스도 안에서 보여 주신 하나님의 온유한 사랑을 드러내게 해주십시오.

하나님, 하나님께서는 생명을 주시는 분입니다. 저희 교회의 삶을 거룩하게 해주시고, 교회의 예배를 새롭게 해주시며, 교회의 증언에 힘을 실어 주시고, 교회의 일치를 회복시켜 주십시오. 순종하는 마음으로 함께 일치를 추구하고 있는 이들을 강하게 해주십시오. 하나님의 자녀들을 갈기갈기 나누는 분열을 치유하시어, 그들이 평화의 끈으로 성령께서 주시는 일치를 서둘러 이루게 해주십시오.

이번 한 주도 예정된 부대 계획들 위에 함께 해주시고, 온 장병이 하나님의 구원의 날개 아래에서 보호와 은총을 누리는 복된 나날이 되게 해주십시오. 그리고 오늘의 예배 속에서

강하고 담대하라

말씀을 전하시는 목사님께도 신령한 은혜를 내리시어, 듣는 저희 모두에게 진정한 삶의 결단이 있게 해주십시오. 희망과 비전을 말씀 속에서 발견할 수 있도록 저희의 마음문과 믿음의 눈을 활짝 열어 주십시오. 예수 그리스도의 이름으로 기도 드립니다. 아멘.

영적 성장을 위한 기도 II

제자직의 길

히브리서 10:25 * 찬송 53장

사랑과 자비가 풍성하신 하나님, 오늘 대림절(성탄절/주현절/사순절/부활절/성령강림절/창조절) ○○째 주일을 맞이하여 저희를 모으시고 구원의 축제를 베풀게 하시니 감사합니다.

하나님, 저희는 저희의 목소리로 찬양을 하면서도, 저희 마음으로부터 기쁨을 누리지 못했습니다. 저희는 가능한 것만을 위해서 기도했고, 눈으로 볼 수 있는 것만을 바랐습니다. 저희는 하나님의 은혜를 당연한 것으로 여겼고, 즉각적인 요구에 당장 응답해 주시기를 기대했습니다. 저희는 저희가 하나님을 섬긴다고만 생각했지, 하나님께서 저희 시중을 들고 계시다고는 전혀 생각 못했습니다. 저희는 소외된 이들에 관한 보고서를 작성하면서도, 그들을 저희 문 밖에 버려 두었습니다. 저희는 교회 안의 친구들만 만났지, 교회 밖의 사람들은 전적으로 무시했습니다. 저희는 이런저런 신앙의 증언을 들으면서도, 동정심을 베푸는 데만 만족했습니다. 저희는 설득하려고만 했지, 들으려고는 하지 않았습니다.

하나님, 이 모든 죄를 용서하시고 저희를 참된 제자직의 길로 이끌어 주십시오. 이번 주에도 갖가지 군생활 속에서 하나님의 크신 은총을 날마다 경험케 해주시고, 모든 어려움을 믿음으로 이겨내게 해주십시오. 저희 부대의 지휘관님을 비롯한 온 장병이 한 주간 동안 하나님을 경외하며 하늘 뜻을 펴나갈 수 있도록 이끌어 주십시오. 도움이 필요한 이들에게 그리스도의 마음으로 다가가게 하시고, 처한 자리에서 저희 모두가 작은 예수의 역할을 감당해 내도록 해주십시오.

오늘도 예배를 위해서 곳곳에서 봉사하는 이들에게 복을 내리시며, 성가대 위에도 은혜를 베푸시어 듣는 이들 모두가 천사의 합창 소리를 듣고 마음의 문을 열게 해주십시오. 오늘 말씀을 전하시는 목사님께 함께 하시어 하늘의 음성을 전해듣는 소중한 시간이 되게 하시고, 저희가 이 말씀을 들음으로만 끝나는 것이 아니라 부대 생활의 이모저모에서 백 배, 육십 배, 삼십 배의 결실을 거두게 해주십시오.

존귀하신 하나님, 오늘 이 예배에 참석하지 못한 교우들도 어디에 있든지 함께 해주시고 같은 은혜를 누리게 해주십시오. 하나님의 보호하심으로 저희 모두가 한 주 동안 부대 안팎에서 승리할 수 있게 해주시기를 빌며, 우리 주 예수 그리스도의 이름으로 기도드립니다. 아멘.

생각과 말과 행동으로

시편 103:8-14　＊찬송 330장

전능하신 하나님,

저희는 하나님과 이웃에 대하여 죄를 지었습니다.

저희는 생각과 말과 행동으로 죄를 지었습니다.

하지 말아야 할 일은 하면서도

정작 해야 할 일은 하지 않았습니다.

자비를 베푸시어,

저희가 지은 죄를 용서하여 주십시오.

저희를 도우시어,

새롭게 하여 주시며,

저희를 올곧은 길로 이끌어 주십시오.

주 예수 그리스도의 이름으로 기도드립니다. 아멘.

내 탓이오!

이사야 43:25   ＊찬송 332장

영원하신 하나님, 하나님의 말씀은 저희 발의 등불이요, 저희 길의 빛입니다. 저희는 저희의 삶 속에서 하나님의 은혜로 우신 현존에 충분히 응답하지 못했음을 인정하며 고백합니다. 예수 그리스도를 통하여 하나님께서는 저희에게 새 생명과, 온전함과, 하나님을 섬길 자유를 주셨습니다.

저희는 저희가 죄에 사로잡혀 있고, 저희가 저희의 죄 때문에 거짓 교만에 얽매여 있으며, 저희가 행하는 악이 저희가 행하지 않고 있는 선에 따라 더욱 사악해지고 있음을 고백합니다. 저희가 하나님과 그리고 모든 사람과 화해할 수 있도록 해주십시오.

자비하신 하나님, 저희의 온갖 죄를 용서해 주시고, 저희에게 힘을 주시어, 저희가 하나님의 뜻대로 새롭게 살아가도록 해주십시오. 우리 주 예수 그리스도의 이름으로 기도드립니다. 아멘.

말끝마다 불평이니

로마서 8:33-34 ＊찬송 338장

전능하시고 모든 이를 사랑하시는 하나님, 다른 그 어떤 곳도 아니고, 바로 하나님의 현존하심 속에서, 저희는 저희의 죄가 저희를 짓누르는 것을 느낍니다.

저희는 주어진 시간을 너무도 어리석게 사용했습니다. 저희는 제대로 이루지도 못한 일에 쉽사리 자족해 버렸습니다. 번번이 복수심에 불타오르곤 했습니다. 돈에 질질 끌려다니기도 했습니다. 말끝마다 오직 불평뿐이었습니다. 저희는 전혀 신실하지 못했습니다.

은혜로 저희의 이 모든 죄를 용서해 주십시오. 저희가 하나님을 새롭게 모셔들이게 해주십시오. 그리고 저희를 도우시어, 이제부터는 하나님과 좀더 가까이 살아가게 해주십시오. 예수님의 이름으로 기도드립니다. 아멘.

한계가 낱낱이

히브리서 10:17-18   * 찬송 333장

　전능하시고 자비하신 하나님, 하나님께서는 세상을 창조하셨으며 지금도 창조하고 계십니다. 하나님의 현존 안에서 저희의 한계가 저희 앞에 낱낱이 드러납니다. 저희는 저희의 불결한 입술과, 차가운 마음과, 이웃에 대한 무관심과, 지키지 못한 약속과, 뉘우치지 못한 시간들을 고백합니다.

　오, 거룩하신 이여, 저희를 용서해 주십시오. 저희는 하나님께서 주신 은사들을 함부로 썼음을 고백합니다. 저희는 땅을 업신여겼습니다. 저희는 소유물에 욕심을 부렸습니다. 저희는 서로를 이용했습니다. 저희는 사람들보다 권력을 더 사랑했습니다.

　오, 거룩하신 이여, 저희를 용서해 주십시오. 저희만은 죄없을 것이라는 그릇된 생각을 저희에게서 말끔히 없애 주십시오. 저희 마음속에 찾아오셔서 저희를 다시 새롭게 해주십시오. 예수의 이름으로 기도드립니다. 아멘.

저희의 삶을 받으소서

말라기 3 : 8-10   ＊찬송 71장

주 우리 하나님,
온 세상을 지으시고 구원하신 하나님께서는 복되십니다.
하나님으로부터 저희는 생명의 선물을 받고,
하나님의 은혜로써 저희는
하나님께 드릴 선물을 지니고 있습니다.
찬양과 감사 속에서
저희의 헌금과 저희의 삶을 받아 주십시오.
저희를 죽음에서 다시 살리시고,
하나님의 영원한 나라의 약속을 내보이시는
우리 주 예수 그리스도의 이름으로 기도드립니다. 아멘.

주신 것을 돌려드릴 뿐

누가복음 21 : 4　＊찬송 70장

　전능하시고 자비하신 하나님, 하나님께서는 온갖 선하고 더할 나위 없는 선물을 주십니다.

　저희가 하나님을 찬양하지 않을 수 없는 것은, 하나님께서는 자비로우시고 선하심으로 저희를 지으시고, 은혜로우심으로 저희를 지탱하시고, 훈련하심으로 저희를 올곧게 이끄시고, 참으심으로 저희를 곱게 보아 주시고, 사랑하심으로 저희를 해방하시기 때문입니다.

　저희를 도우시어, 하나님을 사랑하고 베풀어 주신 온갖 선물에 감사하게 하시며, 하나님을 힘써 섬기고 기쁜 마음으로 하나님의 뜻을 행할 수 있도록 해주십시오. 우리 주 예수 그리스도의 이름으로 기도드립니다. 아멘.

위험한 세상 한복판에서

골로새서 3:1-2 ＊찬송 268장

주님, 위험하고 혼돈스러운 세상 한복판에서 온 세계 교회가, 꿈으로만이 아니라 참으로, 인류의 방주와 피난처가 될 수 있도록 교회를 이끌어 주시고 거룩하게 해주십시오. 각 분야의 국가 지도자들에게 하늘의 복을 주시며, 저희의 산업이 번영 속에서도 인도적인 모습을 잃지 않고, 저희의 과학 기술이 발전하고, 저희의 예술이 품위를 지키게 해주시며, 시간에 쫓기는 갖가지 일들 속에서도 영원한 지혜를 저희에게 주십시오.

이 땅에 평화가 깃들고, 나뉘어지고 찢겨진 나라와 민족들이 그리스도의 완전한 나라를 이루어 하나 되게 해주십시오. 철따라, 이 땅의 갖가지 열매를 저희에게 주시고, 사람들의 마음속에 온 피조물에 대한 경외와, 굶주리는 이들에 대한 연민을 불러일으켜 주십시오. 그리고 저희가 마지막 날 주님의 뜻을 행하고 주님의 공의를 선포한 이들 속에 포함되게 해주십시오. 예수님의 이름으로 기도드립니다. 아멘.

하나님의 뜻에 따라

시편 119:9-16   *찬송 265장

하나님, 하나님의 거룩한 교회를 다스리시고 이끌어 주십시오. 교회를 사랑과 진리로 가득 채워 주십시오. 그리고 하나님께서 뜻하시는 대로 저희가 하나 되게 해주십시오. 담대하게 나아가서, 온 세상에 복음을 선포하게 해주십시오. 밝히 알고 이해해서, 가르침과 삶으로 하나님의 말씀을 선포하게 해주십시오.

각 나라의 지도자들과 부대의 지휘관들을 평화와 정의의 길로 이끌어 주십시오. 군복무하고 있는 장병들을 하나님의 안전하게 지켜 주십시오. 아픈 이, 집 없는 이, 굶주리는 이, 갇힌 이, 위험에 빠진 이, 그리고 어려움 속에서 억눌려 있는 이들을 모두 돌보아 주십시오. 저희가 그리스도의 평화 속에서 세상을 떠난 이들, 곧 신앙을 고백한 이들과 하나님만이 그 믿음을 알고 계시는 이들 모두를 기억하며 기도드리오니, 저희가 그들과 함께 하나님의 영원한 나라에 참여하게 해주십시오.

거룩하신 하나님, 성자의 이름으로 기도하는 이들의 소리
를 들어 주십시오. 저희가 믿음으로 구한 것을 하나님의 뜻에
따라 얻을 수 있도록 해주십시오. 예수님의 이름으로 기도드
립니다. 아멘.

강하고 담대하라

깊어 가는 이 밤

고린도후서 6:1-2 ＊찬송 96장

깊어 가는 이 밤, 저희를 안식의 자리로 부르신 자비의 하나님, 저희가 오늘 저지른 잘못을 용서하시고 바로잡아 주십시오.

저희는 하나님의 성자 예수의 길을 벗어났고, 이웃을 돌보지 않았습니다. 저희는 교만에 눈이 멀었고, 분노에 불탔습니다. 그리고 저희는 하나님께서 저희에게 베풀어 주신 새 삶을 누리지도 못했습니다.

저희는 이 밤, 저희의 죄밖에는 아무 것도 드릴 것 없이 하나님께 나아와, 예수 그리스도의 이름으로 자비를 구합니다. 그리스도께서는 늘 하나님께 신실하셨고, 또 저희에게도 늘 신실하십니다.

권능의 하나님, 하나님께서는 저희가 아뢰기도 전에 저희가 무엇을 구해야 할지 훤히 다 알고 계시면서도, 저희의 어눌한 간구를 마다하지 않으십니다.

하나님께서 진정 바라시는 대로 저희와 온 인류를 위한 계획을 세워 주십시오. 인류와 민족들을 평화 한가운데로 이끌어 주십시오. 교회에 힘을 주시어, 하나님의 증인이 되게 해 주십시오.

가난한 이들을 풍요롭게 해주시고, 부유한 이들에게 그들의 가난을 보여 주십시오. 저희가 낮에 더 편히 지낼 수 있도록 밤새워 맡은 바 임무를 다하는 이들에게 힘을 주십시오. 몸이 아파 신음하며 잠 못 이루는 이들을 지켜 주십시오.

하나님께서 과거에 그러셨던 것처럼, 저희의 믿음을 지켜 주시고, 저희가 하나님의 약속을 신뢰하도록 도우시어, 저희가 평생토록 착함과 자비를 바라며 살도록 해주십시오.

오늘 밤 이 자리에 함께 한 이들과 각 가정, 그리고 이 부대와 온 장병들 위에 하늘의 평화를 허락하시는 우리 주 예수 그리스도의 이름으로 기도드립니다. 아멘.

강하고 담대하라

예비하신 승리의 길

사무엘상 17:45　＊찬송 276장

　존귀하신 하나님, 하나님께서 지으신 우주 만물을 다스리시고 이끌어 주십시오. 이 세상을 사랑과 진리로 가득 채워 주십시오.

　저희 사는 이 부대가 늘 안녕과 태평을 누리게 해주십시오. 그리고 하나님께서 뜻하시는 대로 저희가 하나 되게 해주십시오. 이 부대가 정의롭고 평화로운 공동체가 되게 해주십시오. 맡겨 주신 창조 세계를 잘 보전하여 곳곳마다 높은 하늘, 깊은 강, 푸른 숲이 우거지게 해주십시오.

　저희 부대의 지휘관과 온 장병들이 늘 하늘을 외경하며 올곧고 지혜롭게 살아가도록 이끌어 주십시오. 저희 부대의 아픈 이들과 어려움 속에 있는 이들을 돌보아 주십시오. 언제나 최선을 다하는 자세로 하나님께서 예비하신 승리의 길을 따르게 해주십시오. 예수님의 이름으로 기도드립니다. 아멘.

때론 아버지처럼, 때론 어머니처럼

사도행전 10:1-2 ＊찬송 442장

주님, 저희의 통치자시여,

주님의 영광이 세상 곳곳에 빛납니다.

주님, 저희 민족을 자비하신 손길로 돌보아 주시어,

저희가 평화 안에서 안전하게 살게 하시고,

주님의 섭리 따라 인도받게 해주십시오.

지휘관님들에게 지혜와 힘을 주시어,

주님의 뜻을 알고 행하게 해주십시오.

진리와 공의를 사랑하는 이로서,

때론 아버지처럼, 때론 어머니처럼,

장병들을 돌보고 섬기고 이끌도록

하나님으로부터 부름받았음을 기억하게 해주십시오.

우리 주 예수 그리스도의 이름으로 기도드립니다. 아멘.

새로운 시작의 기회

야고보서 1:12　✳찬송 493장

전능하신 하나님, 하나님께서는 불확실하고 혼란스런 세상에서 자라고 있는 하나님의 자녀들을 보십니다.

동료들에게 하나님의 길이 세상의 길보다 더 많은 생명을 주고, 하나님을 따르는 것이 이기적인 목표를 쫓는 것보다 더 나은 것임을 보여 주십시오.

동료들이 실패를, 가치의 척도로서가 아니라, 새로운 시작의 기회로 받아들일 수 있도록 도와주십시오.

동료들이 하나님에 대한 신앙을 굳게 붙잡고, 하나님의 창조 안에서 늘 기뻐할 수 있도록 힘을 주십시오.

우리 주 예수 그리스도의 이름으로 기도드립니다. 아멘.

사는 날 동안

사도행전 13:22   * 찬송 376장

하나님,
저희의 시간들은 하나님의 손 안에 있습니다.
비오니, 새로운 해를 시작하는
○○○를 굽어살펴 주십시오.
○○○가 사는 날 동안 평생을,
지혜와 은혜 안에서 자라고,
힘써 하나님의 선하심을 신뢰할 수 있도록 해주십시오.
우리 주 예수 그리스도의 이름으로 기도드립니다. 아멘.

참사랑

에베소서 3:17-19 * 찬송 418장

주님,
제가 그녀/그에게 가까이 간다 해도
주님에게보다 더 가까이 가지 않게 하시며,
제가 그녀/그를 안다 해도 주님을 더 알게 하시고,
제가 온 마음으로 그녀/그를 사랑한다 해도
그녀/그와 함께 그 무엇보다도
주님을 더욱 사랑하게 해주십시오.
예수님의 이름으로 기도드립니다. 아멘.

당신이 아파하면 하나님도 우신다

마태복음 6:31　＊찬송 420장

전능하시고 영원하신 하나님,
하나님은 슬퍼하는 이들의 위로이시며,
고통당하는 이들에게 힘이 되십니다.
하나님의 자녀들이 어떤 고통에 처해 있든지간에,
하나님을 향하여 부르짖게 해주십시오.
번민중에 있는 모든 이에게 자비를 베푸시고,
구원을 베푸시며, 원기를 회복시켜 주십시오.
우리 주 예수 그리스도의 이름으로 기도드립니다. 아멘.

당신은 혼자가 아닙니다

시편 25:16 * 찬송 427장

위로의 하나님,
외로운 이들의 벗이시여,
자의든 타의든
홀로 남겨진 이들과 함께 해주십시오.
그들의 빈 자리를
지금 함께 하시는 사랑으로 채우시고,
고독의 긴긴 시간을
하나님에 대한 살아 숨쉬는 생각으로
가득 채워 주십시오.
저희가 외로운 이들을 방문할 수 있도록 용기를 주시어,
저희 가운데 친히 동행하셨고,
영원히 저희의 주님이 되시는,
예수 그리스도의 영으로
그들이 생기를 얻을 수 있도록 해주십시오.
예수 그리스도의 이름으로 기도드립니다. 아멘.

차이를 알면 군생활이 즐겁다

창세기 28:15　＊찬송 497장

　은혜의 하나님, 하나님의 사랑의 영역 너머에 있거나, 하나님의 무한하신 자비 바깥에 있는 사람은 아무도 없습니다.

　세상이 혐오하고 사람들이 거절하는 이들을 향하여 저희 마음이 움직이게 하시어, 저희가 담대히 그리스도를 따르고, 애써 그분의 사랑을 드러낼 수 있도록 해주십시오.

　버려진 이들과 함께 서며, 평화 안에서 그들을 튼실히 하고, 하나님의 현존으로 그들을 북돋우며, 그리스도의 모퉁이돌 위에 그들을 세우게 해주십시오.

　그래서 마침내는 차이들이 예우받고 존경받으며, 온 백성이 함께 하나님께 영광을 돌릴 수 있도록 해주십시오. 우리 주 예수 그리스도의 이름으로 기도드립니다. 아멘.

슬픔으로 길을 잃을지라도

요한복음 14:27   ✱찬송 463장

자비하신 하나님,
하나님께서는 저희의 길을 지켜보시며,
심각한 사건 속에서도
경이로우신 선과 은혜를 짜내십니다.
비극을 당한 이들을 이 시간
강렬한 하나님의 사랑의 손길로 감싸 주시고,
그들을 신앙으로 붙잡아 주십시오.
그들이 슬픔으로 길을 잃을지라도,
그들이 하나님을 발견하고 위로를 받게 해주십시오.
죽었으나 살아 계셔서,
하나님과 함께 이 세상을 다스리시는
예수 그리스도의 이름으로 기도드립니다. 아멘.

민족 복음화의 지름길

요한복음 10:28-29 ＊찬송 260장

살아 계신 주 하나님, 저희에게 비전을 주셔서 나라와 민족을 사랑하게 하시고, 70만 국군 장병들을 믿음의 군대로 만들며 복음화된 통일 조국 건설을 위하여 21세기 그리스도교 선교와 일치 운동을 실천하게 하시니 감사합니다.

이 백성을 사랑하시는 주 하나님! 하나님께서 세우신 군인 교회를 통해 조국의 젊은이들이 예수 그리스도를 믿어 십자가 군병으로 변화되게 하시며, 하나님의 교회와 하나님의 백성들을 통하여 기도와 물질로 헌신하며 사랑으로 양육하게 하셔서, 하나님의 뜻이 하늘에서 이룬 것 같이 이 땅에서도 이루어지게 해주십시오.

이 백성을 인도하시는 주 하나님, 민족 복음화와 세계 선교의 꿈이 담긴 복음 전파 운동을 통하여 하나님의 영광이 나타나며, 모든 그리스도인에게 은혜와 사랑이 가득하게 해주십시오. 예수님의 이름으로 기도드립니다. 아멘.

이미 이겨놓은 싸움

이사야 41:10　＊찬송 545장

　위대하신 하나님, 빛되신 하나님과 어둠의 권세 사이의 전투가 언제나 불분명하지 않음을 감사드립니다. 그 전투는 언제나 빛의 승리로 끝나기에 하나님의 성호를 찬양합니다. 오늘의 갈등과 전투 속에서 저희의 심령은 갈보리의 전투를 기억하며, 거기서 저희 주님이 악한 세력의 머리를 영원히 부수셨음을 밝히 봅니다.

　오, 성부이신 하나님, 하나님의 군병들이 이미 이겨 놓은 싸움을 싸우고 있다는 사실을 알게 해주십시오. 하나님 편에 속한 용감한 저희 부대원이들이 저희의 영적 지휘관이시며, 저희의 영적 대장이시며, 저희의 전부가 되시는 하나님께서 이미 이겨 놓으신 자들을 대항하여 싸우신다는 사실을 깨닫게 해주십시오. 예수님의 이름으로 기도드립니다. 아멘.

왜 사는지 모르겠습니다

Q 목사님! 저는 ○○중대에 근무하고 있는 정 상병입니다. 이제 상병이 되다보니, 이런저런 생각을 할 여유가 조금이나마 생기는 것 같습니다. 사실 저는 입대 전부터 지금까지 늘 제 머리속에서 맴돌고 있는 하나의 의문이 있습니다. 그것은 바로 내가 무엇을 위해서, 왜 사는지를 모르겠다는 겁니다. 이런 생각을 할 때면 마음이 답답하고 때로 허전해지기도 합니다. 삶의 의미를 알지 못한 채 하루하루 살아가야 한다는 것이 괴로울 뿐입니다. 열심히 사는 사람들을 보면 부럽기도 하지만, 한편으로는 무엇 때문에 그렇게 정신없이 살아가고 있는지 이해가 되지 않습니다. 이 문제로 고민하는 제 마음을 시원하게 해줄 수 있는 답변을 주십시오.

A 정 상병이 고민하고 있는 삶의 의미에 대한 문제는 정 상병 혼자만의 문제가 아닙니다. 역사이래 수많은 철학자들이 고민해왔던 문제이며, 지금도 그 해답을 찾기 위해 애쓰고 있으며, 앞으로도 그러한 고민은 계속될 것입니다. 그러므로, 이 문제는 정 상병과 비슷한 처지에 있는 사람들이 반드시 해결하고 넘어가야 할 중요한 문제입니다.

삶의 의미의 문제로 고민했던 대표적인 인물은 구약성경에 나오는 솔로몬이었습니다. 그는 왕으로서 인생의 쾌락을 만끽할 수 있는 여러

강하고 담대하라

가지 여건을 다 갖춘 사람이었습니다. 그는 자신이 하고 싶은 것은 무엇이든지 할 수 있는 권력이 있었습니다. 자신의 눈을 즐겁게 하는 것과 마음에 즐거워하는 것은 무엇이든지 했습니다. 그러한 솔로몬이 최종적으로 깨달은 것은 바로 하나님이 없는 인생은 허무하다는 것이었습니다. 그래서 솔로몬은 자신이 쓴 전도서 12장 13절에서 "일의 결국을 다 들었으니 하나님을 경외하고 그 명령을 지킬지어다. 이것이 사람의 본분이니라."고 했습니다. 그는 하나님을 경외하는 신앙을 통해서 '삶의 의미'에 대한 분명한 해답을 얻었던 것입니다. 그러므로, 정 상병의 고민에 관련해서 몇 가지 도움의 말씀을 드리고자 합니다.

첫째, '나는 누구인가?'라고 하는 정체성이 먼저 해결되어야 합니다.

'나는 누구인가?'라고 하는 물음은 '인간은 무엇인가?'라고 하는 질문과 매우 밀접한 관련이 있습니다. 인간의 존재에 대해서는 크게 두 가지의 견해가 있습니다. 첫째는 인간을 진화론적인 존재로 보는 시각이고, 또 하나는 하나님께서 창조했다고 하는 창조론적인 견해입니다. 만약 인간이 원숭이로부터 진화된 존재라고 하는 가설에 동의를 한다면, 인간의 존재가치는 매우 무의미해집니다. 어떤 사명을 갖고 이 땅에 태어난 것이 아니라, 계속적으로 진화를 하고 있는 과정 중에 우연히 존재하고 있는 것일 뿐입니다. 그러므로, 삶의 의미를 논한다는 자체가 아무런 의미가 없습니다.

그러나 하나님께서 천지창조 후에 하나님의 영광을 위해 인간을 창조했다고 하는 하나님의 말씀을 믿음으로 받아들인다면, 정 상병이 고민하고 있는 문제는 쉽게 풀릴 수가 있습니다. 인간이 만든 모든 물건들이 인간을 위해 존재하듯이, 피조물인 인간도 역시 창조주 하나님을

군생활의 위기와 상담 Ⅲ리

위해 존재하는 것입니다. 이러한 사실을 믿음으로 받아들일 수 있다면, 그러한 사람은 '내가 누구이며, 무엇을 위해서 사는가?'에 대한 의문점을 해결할 수가 있게 됩니다.

둘째, 모든 만물은 존재의 목적이 있다는 사실을 알아야 합니다.

이것은 목적론적인 접근입니다. 이 세상에 존재하는 그 어떤 것도 아무런 목적이 없이 존재하는 것은 없습니다. 정 상병이 생활하고 있는 내무반을 한 번 생각해 봅시다. 천정에 붙어 있는 형광등은 어둠을 밝히기 위해 있습니다. 내무반 입구에 걸려 있는 거울은 모든 병사들이 외모를 단정히 하도록 하기 위해 있습니다. 벽에 걸려 있는 선풍기는 더운 여름날 시원한 바람을 주기 위해 있습니다. 내무반 안에 쓸모없이 붙어 있거나 자리를 차지하고 있는 물건은 없으리라고 생각됩니다. 이처럼 내무반을 장식하는 각종 비품들도 나름대로 존재의 목적이 있습니다.

하물며, 만물의 영장이라고 하는 사람에게 존재의 목적이 없겠습니까? 한 생명은 천하보다도 귀중한 존재라고 성경은 말합니다. 이처럼 소중한 생명이 아무런 존재 목적이 없이 맹목적으로 사는 것은 있을 수 없는 일입니다. 부모된 자는 부모로서의 사명이 있습니다. 그리고 각종 직업에 따라 정치가로서, 과학자로서, 교육자로서, 의사로서 그리고 군인으로서 사명이 있습니다. 그러므로, 자신의 존재 목적이 무엇인지를 아는 사람은 결코 인생이 허무하다고 느낄 수가 없습니다. 자신이 해야 될 일이 무엇인지를 알고 있기 때문입니다. 인생의 허무함이란 내가 이웃을 위해서 아무것도 할 것이 없다고 느낄 때, 곧 자신의 존재 목적을 알지 못하는 데서 시작되는 것입니다.

강하고 담대하라

셋째, 인생의 목표를 세우고 최선을 다하겠다는 꿈을 가지십시오.

특히 젊은이들은 꿈과 비전을 가져야 합니다. 꿈이 없는 인생은 그야말로 헛되고 무의미한 삶이 될 수밖에 없습니다. 청소년 시절에 노예시장에서 흑인 노예들이 매매되는 모습을 보고, 노예해방의 꿈을 가졌던 아브라함 링컨은 결국 그 일을 이루어 냈습니다. 그는 그러한 자신의 꿈을 성취하기 위해서 최선을 다했으며, 그러한 꿈의 완성을 통해서 인생의 보람을 느꼈을 것입니다. 마슬로우라고 하는 심리학자는 인간에게는 다섯 가지 욕구가 있는데, 그 중에 자아실현의 욕구가 가장 고차원적인 욕구라고 했습니다.

그러므로 삶의 의미를 느끼면서 인생을 보람되게 살려면, 구체적인 삶의 목표 곧 자아실현의 목표를 설정해야 합니다. 삶에 구체적인 목표가 없는 사람은 바람에 흔들려 요동하는 배와 같아서 인생을 허무하게 느낄 수밖에 없습니다. 그런가 하면 아예 처음부터 왜 살아야 하는지, 어떻게 살아야 하는지에 대해서 관심을 갖지 않고, 단지 쾌락만을 추구하는 사람들도 언젠가는 인생무상을 느끼게 됩니다. 그런데 정 상병이 인생에 대해서 허무함을 느끼는 것은 인생을 의미있게 살고 싶은 강한 욕망 때문이라고 생각됩니다. 그러므로 군생활을 하고 있는 현 시점에서 실현 가능한 작은 목표를 세우고, 그것을 하나씩 이루어 나가면서 군생활에서부터 보람을 찾을 수 있기를 바랍니다.

종교에 관심이 없습니다

Q 저는 ○○대에 근무하고 있는 최 병장입니다. 신병교육대에서 교회나 성당 그리고 법당을 차례로 순회한 이후로, 자대에 와서는 지금까지 전혀 종교행사에 참석해 본 적이 없습니다. 사실 저는 종교에 전혀 매력을 느끼지 않고 있습니다. 그러니까 저는 종교나 신앙생활에 전혀 관심이 없다는 말입니다. 그런 저에게 최근에 교회를 가자고 전도를 하는 후임병이 생겼습니다. 저는 지금까지 종교 없이도 열심히 살아왔으며, 앞으로도 종교의 필요성을 느끼지 못할 것 같습니다. 그렇기 때문에 저에게 전도를 하려는 후임병을 보면 헛수고하는 것 같고, 때로는 귀찮기도 합니다. 꼭 그렇게 해야 되는지 이에 대한 목사님의 의견을 듣고 싶습니다.

A 우선 종교에 무관심하다고 한 최 병장이 자신의 생각을 솔직하게 말해 준 것에 대해 매우 고맙게 생각합니다. 또한 최 병장을 전도하려고 하는 후임병의 행동을 이해하지 못한다는 것에도 공감을 합니다. 사실, 서로 다른 가치관을 접하게 될 때에는 당황을 하거나 이해를 하지 못할 때가 있습니다. 그렇기 때문에 종교에 무관심한 최 병장의 입장에서 보면, 신앙을 권유하는 후임병의 태도가 못마땅하고 귀찮게 생각될 수도 있을 것입니다.

그러나 그런 기회를 통해서 종교에 대해서, 또한 신앙생활에 대해

강하고 담대하라

서, 한 번쯤 생각해 보는 것도 좋을 듯 싶습니다. 최 병장은 신앙생활
에 전혀 의미를 부여하고 있지 않은데, 왜 후임병은 자신의 신앙을 나
에게 전하고자 하는지, 또한 최 병장은 종교의 필요성을 느끼지 않고
있는데, 왜 후임병은 종교를 절대적으로 중요하게 생각하고 있는지,
그리고 최 병장이 구체적으로 종교에 무관심하게 된 원인은 무엇이었
는지 생각해 볼 수 있는 기회를 가졌으면 합니다. 그래서 이 지면을
통해 최 병장이 종교에 대해서 보다더 긍정적인 이해를 가질 수 있도
록 몇 가지 도움의 말씀을 드리고자 합니다.

첫째, 인간은 종교적인 존재입니다.

종교의 필요성을 느끼는 사람이 있는가 하면, 최 병장같이 종교는
불필요하며, 아예 그것에 관심이 없다고 하는 사람들도 있습니다. 그
러나 분명한 것은 종교에 대한 가치관은 사람에 따라 다를 수 있지만,
인간이 종교적이라는 것은 부인할 수 없다는 사실입니다. 인간과 동물
을 구별하는 특징에는 여러 가지가 있습니다. 예를 들어, 인간은 생각
하는 존재이며, 도구를 사용하며, 불을 사용할 줄 알고, 직립보행을 하
며, 유희하는 존재입니다.

그런데 여기에 또 하나 빼놓을 수 없는 특징은 인간은 종교적인 존
재라는 것입니다. 인간이 종교적 존재임을 나타내 주는 것들은 얼마든
지 찾아 볼 수 있습니다. 풍어제나 기우제를 드리는 것들로부터 시작
해서, 몸이나 집에 각종 부적을 붙이는 미신적인 것들과, 어렵고 힘들
때에 누군가를 의지하며 도움을 청하고자 하는 속성, 그리고 수없이
많은 종류의 종교 행태를 보아도 역시 인간은 종교적인 존재라는 것을
알 수 있습니다. 이러한 인간의 종교적인 속성을 전도서에서는 "하나

님께서 인간에게 영원을 사모하는 마음을 주셨다.”고 말하고 있습니다. 곧, 모든 인간은 스스로의 종교에 대한 관심 여부에 관계없이 종교적인 존재라는 사실을 최 병장은 수긍해야 할 것입니다.

둘째, 무관심의 원인에 대해서 생각해 볼 시간을 가져 보십시오.

최 병장은 지금 종교에 관심이 없다고 했습니다. 그러나, 최 병장이 처음부터 그런 생각을 갖게 되었다고 보지는 않습니다. 종교에 무관심하게 된 분명한 원인이 있을 것입니다. 예를 들면, 절대자를 의지하지 않고 혼자의 힘으로도 충분히 이 세상을 살아갈 수 있는 자신감 때문에, 혹은 신앙생활을 하게 되면 얽매인다는 생각 때문에, 아니면 신앙생활을 하는 사람에 대한 부정적인 이미지 때문에, 그리고 온 우주의 중심을 인간이라고 생각하는 가치관 때문에 종교에 관심을 갖지 않을 수도 있습니다.

만일 이러한 것들 때문에 최 병장이 종교에 대해서 무관심하게 되었다면, 그것은 진정으로 종교에 대해서 무관심한 것이 아닙니다. 단지 종교나 신앙생활에 대해서 그리고 인간의 본질적인 모습에 대해서 잘못 이해하고 있을 뿐입니다. 최 병장은 자신의 모든 생각이 항상 옳다고 생각하지는 않을 것입니다. 곧, 최 병장뿐 아니라 우리 모두는 얼마든지 잘못된 생각과 판단을 할 수도 있고, 때로는 번복할 수도 있습니다. 종교에 대한 가치관도 마찬가지입니다. 그것이 바로 지독한 무신론자가 독실한 신앙인이 되기도 하는 이유입니다. 그러므로 최 병장 자신이 궁금해하고 있는 부분에 대해서, 특히 종교적인 문제에 대해서 좀더 진지하게 접근하는 자세를 가져 보았으면 합니다.

셋째, 종교는 액세서리가 아닙니다.

강하고 담대하라

사람은 대개가 자신에게 유익이 되거나 흥미거리가 될 만한 것에 관심을 갖게 되어 있습니다. 어찌 보면 이러한 인간의 모습은 참으로 이기주의적이라고도 할 수 있겠지요. 이러한 점을 감안해 볼 때에 종교가 최 병장의 삶에 전혀 유익이 되지 않거나, 때로는 귀찮다고 생각되었기 때문에 무관심할 수도 있는 것입니다. 인간이 만물의 영장이라고는 하지만, 인간은 연약한 존재입니다. 게다가 언제 어느 때에 고난과 역경이 임할지도 모릅니다. 이러한 때에 하나님을 믿는 신앙을 가진 사람은 신앙이 없는 사람보다도 그러한 위기를 잘 극복할 수가 있습니다. 그리고 기도함으로 문제 해결을 받을 수도 있습니다. 또한 인간의 본질적인 문제라고 할 수 있는 죄의 문제와 죽음의 문제 그리고 삶의 의미에 대한 문제도 예수를 믿음으로 해결할 수 있습니다. 이와 같이 인생을 살아가는 데에는 예수를 믿는 신앙이 아니면 해결될 수 없는 것들이 많이 있습니다. 이러한 것이 최 병장에게도 믿음이 필요한 이유가 되는 것입니다. 사실 종교라는 것은 있으면 괜찮고, 없어도 크게 불편하지 않은 액세서리가 아닙니다. 특히 예수를 믿는 신앙은 죄를 지은 모든 인간에게 반드시 필요한 것입니다. 아무쪼록 이번 기회를 통해 최 병장이 믿음을 갖게 되었으면 합니다.

애인과 종교가 다릅니다

Q 목사님! 저는 ○○중대에서 근무하는 정 상병입니다. 입대 1년 전부터 지금까지 계속 편지왕래를 하고 있는 자매가 있습니다. 군에 와서 생활을 하면서 그 자매와 저는 더욱 사랑을 느끼게 되었고, 장래를 약속할 정도로 가까워졌습니다. 그런데 한 가지 문제가 생겼습니다. 그것은 다름이 아니라, 우리는 서로 종교가 다르다는 점입니다. 저희 집안은 모두 기독교 집안인데, 그 자매의 집안은 알고 보니 독실한 불교 집안입니다. 제가 알기로는, 서로 종교가 다르면, 여러 가지 면에서 불편할 것 같습니다. 그렇다고 사랑하는 자매와 교제를 그만두고 싶지도 않습니다. 이러한 때에는 어떻게 해야 할지 도움의 말씀을 부탁합니다.

A 사랑에는 국경이 없다는 말이 있습니다. 아마도 사랑은 모든 이념과 종족과 가치관을 초월할 수 있다는 것이겠지요. 그런데, 정 상병이 결혼까지 생각하고 있는 애인과의 관계에서, 종교적인 문제가 걸림돌이 된다니 매우 안타깝다는 생각이 듭니다. 종교가 다르기 때문에 애인과의 교제를 그만둘 것인가, 아니면 계속해야 할 것인가 고민하는 정 상병의 답답한 심정이 충분히 이해가 됩니다.

　사랑과 결혼, 그리고 종교 문제에 대한 여러 가지 견해들이 있다고 생각이 됩니다. 서로가 사랑하면 되는 것이지 종교가 다른 것이 뭐가 그렇게 문제가 되느냐고 하는 사람들이 있습니다. 이들은 부부간에 종교적인 문제만큼은 간섭을 하지 않거나 강요하지 않음으로써 서로의 사랑을 유지하는 사람들입니다. 어떤 이는 깊은 사랑에 빠져, 종교문제에 대해서는 소홀히 하다가 결혼후에야 종교적인 문제로 갈등을 겪는 경우도 있습니다. 그런가 하면, 정 상병처럼 교제하는 때부터 종교문제를 결혼과 연관시켜서 심사숙고하는 경우도 있습니다. 이처럼 결혼 조건(?)에 종교가 차지하는 비중은 사람에 따라 다르다고 할 수 있습니다. 이제 정 상병의 현명한 판단을 위해 몇 가지 도움의 말씀을 드리고자 합니다.

첫째, 부부가 신앙적으로 하나가 되는 일은 매우 중요합니다.

정 상병의 고민은 성경적인 결혼관에 배치되는 교제를 하고 있다는 것과 이에 대해서 가족들이 반대한다는 사실 때문이라고 생각됩니다. 정 상병도 알고 있듯이 성경에 따르면, 결혼이라는 것은 남자와 여자가 연합하여 하나가 되는 것이라고 했는데, 그것은 곧 육체적인 연합뿐 아니라 신앙적으로도 하나가 되는 것입니다. 뿐만 아니라 고린도후서 6장 14절 이하에는 "너희는 믿지 않는 자와 멍에를 같이 하지 말라."고 했습니다. 이러한 성경말씀 때문에, 크리스천들은 가능하면 크리스천과 결혼을 하고자 합니다. 그것은 행복한 결혼생활을 위해서뿐 아니라, 하나님의 말씀에 순종한다는 의미에서도 매우 중요합니다.

지금처럼 서로가 편지만을 주고받는 경우에는 별로 실감이 나지 않지만, 결혼후에 주일이 되어서 남편은 교회로 아내는 법당으로 간다고 생각해 보십시오. 사랑하기 때문에 항상 같이 있어야 할 부부가 주일만 되면 따로따로 행동해야 한다는 것이 결코 행복한 부부의 모습은

군 생활의 위기와 상담 Ⅲ리

아닐 것입니다. 그것은 부부간의 문제로만 끝나는 것이 아니라, 성장하는 자녀들에게도 신앙적인 가치관의 혼돈과 갈등을 초래하게 될 것입니다.

둘째, 종교가 다르기 때문에 갈등을 겪을 수도 있습니다.

사랑하기 때문에 상대방의 생각과 가치관 그리고 종교에 대해서 존중해 줄 수도 있습니다. 이러한 생각은 타인과의 대인관계에서는 충분히 이해가 되지만, 평생동안 동거동락해야 할 배우자와의 관계에서는 또 다른 문제입니다. 종교적인 문제만큼은 서로가 관여하지 않기로 약속을 하고 살아가는 부부들이 있기는 합니다. 그러나 종교가 다르기 때문에 발생하는 문제들도 있습니다.

예를 들어서, 기독교인의 경우는 제사를 드리지 않습니다. 그러나 다른 종교의 경우는 제사문제에 대해서 매우 관대합니다. 이러한 신앙적인 차이 때문에, 일 년에도 몇 번씩 제사를 드려야 되느냐, 아니면 추도예배를 드려야 하는 문제로 인한 갈등이 있을 수 있습니다. 이 밖에도 정 상병이 독실한 크리스천이라면 결혼후에 정 상병은 자녀들을 교회로 인도하려고 할 것이고, 또한 애인이 독실한 불교신자라면 아내는 자녀들을 법당에 나가도록 강요할지도 모릅니다. 그러한 과정에서 부부간에 다툼은 필연적일 것입니다. 그뿐 아니라, 양가 집안이 서로 종교가 다른 관계로 명절이 되어 온 가족이 모일 때마다, 늘 종교적인 문제로 인한 긴장이 계속될 수도 있습니다. 비록 부부라고 할지라도 서로 다른 종교적인 관습이나 생활 습관에 대해서 이해를 받지 못하게 되면, 그 때마다 섭섭한 감정을 느끼게 되고 심지어는 결혼 생활에 회의를 느낄 수도 있습니다. 부부간에 종교가 같으면 유익한 이유가 여

강하고 담대하라

기에 있습니다.

셋째, 그래도 결혼해야 한다면 전혀 방법이 없는 것은 아닙니다.

정 상병의 두 가지 욕구, 곧 애인과 같은 종교를 가졌으면 좋겠다는 것과, 또한 사랑하는 애인과 결혼을 해야 하는 문제를 해결할 수 있는 방안이 없는 것은 아닙니다. 거기에는 애인의 영혼을 사랑하는 정 상병의 헌신적인 노력이 있어야 할 것입니다. 그 구체적인 방법으로는 먼저 종교가 다른 애인에게 복음을 제시하는 것입니다. 정 상병이 애인을 진정으로 사랑한다면, 애인과 같은 믿음을 갖기 위한 전도의 노력은 반드시 선행이 되어야 할 것입니다. 정 상병의 그러한 정성어린 전도에 애인이 감동을 받아 같은 신앙을 가질 수도 있을 것입니다.

그럼에도 불구하고 전혀 마음의 변화가 없다면, 결혼 이후에 발생 가능한 문제들을 생각해 보십시오. 한마음 한뜻이 되어 살아가야 할 부부간에 서로 다른 종교 생활 때문에 하나되지 못한다면, 삶의 여러 부분에서 얼마든지 서로 다른 가치관으로 인한 갈등과 충돌을 예견할 수 있습니다. 그것은 행복한 결혼 생활을 꿈꾸고 있는 정 상병의 기대와는 다른 모습일 것입니다. 그래도 결혼해야겠다면, 애인의 영혼을 구하겠다는 사명감으로 고통을 감수해야 할 것입니다. 이는 부부간에 다른 종교를 가지고서는 결코 행복한 결혼생활을 영위할 수 없기 때문입니다.

군생활의 위기와 상담 Ⅲ리

집총을 하지 않겠습니다

Q 저는 신병교육대에서 훈련을 받고 있는 박○○ 훈련병입니다. 저는 군에 들어오기 전부터 여호와의 증인 신자였기 때문에 군사훈련을 받는 것에 대한 거부감을 가지고 있습니다. 특히 총을 가지고 훈련을 받는 것은 결코 교리적으로 용납할 수 없습니다. 제가 믿는 하나님은 사랑의 하나님이시기 때문에 전투를 목적으로 총검술 훈련을 하거나 사격훈련을 하는 것을 기뻐하지 않을 것이라고 생각합니다. 그러한 군사훈련은 살인을 하지 말라고 한 십계명에도 어긋나는 것입니다. 목사님! 제가 집총을 하지 않고 훈련을 받도록 도와주십시오. 만약에 그렇게 되지 않아서 군사재판을 받게 된다고 하더라도 저는 집총을 거부하겠습니다.

A 먼저 박○○ 신병이 자신이 믿는 신앙교리에 따라 살려고 노력하는 그 마음의 자세만큼은 칭찬해 주고 싶습니다. 신앙인이라고 하면서도 자신의 신앙적인 컬러를 드러내놓지 못하거나 적당적당히 신앙생활하는 사람들도 있기 때문에, 그러한 신앙생활의 모습과 비교한다면 박○○ 신병은 마치 순교자적인 신앙을 가지고 있는 듯한 느낌이 들기 때문입니다.

그러나 박○○ 신병은 자신이 믿고 있는 신앙적인 교리가 정말로 올바른 것인지를 다시 생각해 보아야 합니다. 신앙생활에는 성경을 잘

못 해석하거나 잘못된 교리를 신봉함으로써 나타나게 되는 부작용이 있습니다. 박○○ 신병은 집총을 거부하고 군사훈련을 받지 않는 것이 하나님의 뜻이라고 생각하고 있지만, 결코 그렇지 않다는 것을 알아야 합니다. 분명히 박○○ 신병은 여호와의 증인들이 집총을 거부하는 이유로, "네 이웃을 네 몸과같이 사랑하라."(누가복음 10 : 27) 는 성경말씀과 "살인하지 말라."(출애굽기 20 : 13) 는 십계명의 말씀을 내세울 것입니다. 그러므로 이 지면을 통해서 성경이 말하는 전쟁관에 대해서 그리고 방금 제시한 그러한 성경말씀을 어떻게 해석하고 이해해야 되는가에 대해서 몇 가지 말씀을 드리겠습니다.

첫째, 성경은 전쟁을 결코 부정하고 있지 않습니다.

역사를 보는 시각은 여러 가지이지만, 한마디로 전쟁의 역사라고도 말할 수 있습니다. 특히 구약성경에도 보면, 하나님의 종들이 전쟁의 소용돌이 속에서 어떻게 승리하였는가를 보여 주는 사례들이 많이 기록되어 있습니다.

믿음의 조상이라고 하는 아브라함은 조카 롯이 포로로 잡혀갔을 때에 자신이 훈련시켜 온 318명의 군사를 동원해서, 조카 롯을 구출하는 기습작전을 감행하여 성공을 했습니다. 그런가 하면, 모세는 이스라엘 백성을 애굽에서 인도해 내면서 수많은 전투를 경험했습니다. 전쟁을 할 때에 그는 하나님께 기도했고, 하나님은 모세의 기도를 들으시고 전쟁에서 이기게 해주셨습니다. 뿐만 아니라 다윗왕은 수많은 이방나라와 전쟁을 할 때마다 하나님께 기도를 하고 출전을 했습니다. 다윗은 전쟁의 승패가 여호와께 속한 것이라는 사실을 알고 있었던 것입니다(사무엘상 17 : 47). 그리고 구약의 역사를 보더라도 하나님께서는 이스라엘 백성이 죄를 지을 때마다 주변에 있는 이방족속으로 하여금 이스라엘을 침략하게 만듦으로써, 이스라엘이 회개하고 하나님만 의지하도록 했습니다. 이러한 구약의 역사는 하나님께서 전쟁을 완전히 부정하신 것이 아니라, 때로는 전쟁을 통해서 하나님의 뜻을 이루어 가시는 만군의 여호와, 곧 전쟁을 주관하시는 하나님인 것을 알 수 있습니다.

둘째, "살인하지 말라."는 십계명의 의미를 바로 알아야 합니다.

고의적으로 살인을 하는 경우도 있고, 자신을 지키기 위해 정당방위를 하려다가 살인을 하는 경우가 있습니다. 그런데 "살인하지 말라."는 십계명은 고의적인 살인을 해서는 안된다는 의미입니다. 고의성이 없이 살인한 경우에는 하나님께서 도피성이라는 제도를 통해서 용서받을 수 있는 길을 허락해 주셨습니다. 현재 대한민국 군대의 사명은 북침을 해서 통일을 이루자고 하는 것이 아니라, 적으로부터 자유 민주주의를 수호하고 국토를 방위하며 국민의 생명과 재산을 보호하는 데 그 목적이 있습니다. 그러므로, 군대에서 총검술과 사격훈련을 하는 것은 만에 하나라도 북한에서 남침을 해왔을 경우에 정당방위 차원에서 전투를 수행하기 위해 하는 것이기 때문에 신앙적으로 잘못된 것은 결코 아닙니다.

본회퍼라고 하는 신학자는 "정신이상자, 미친 놈이 차를 몰고 시내로 질주하고 다니며 사람을 치어 죽이고 있으면, 미친 운전사를 치어서 죽여야 한다."고 말했습니다. 그리고 니버라고 하는 신학자도 "다수의 악을 막기 위해서 소수의 악을 선택할 수밖에 없다."고 말하기도 했습니다. 전쟁을 하기 위해서 만들어 놓은 수많은 무기를 쓸 필요가

강하고 담대하라

없는 평화가 계속된다면, 그것처럼 다행스러운 일은 없을 것입니다. 그러나 장래에 발생할지도 모르는 전쟁에 대비해서 우리의 조국을 지킬 방어의 목적으로 군사훈련을 하는 것은 불가피한 현실임을 직시해야 합니다.

셋째, 하나님이 정말 기뻐하시는 것이 무언가를 생각해 보십시오.

잘못된 신앙 교리의 노예가 되어 집총을 거부하는 것을 하나님이 어떻게 생각하실까요? 집총을 거부하게 되면 분명히 군사재판에 회부되어 몇 년 간 수감 생활을 하게 됩니다. 하나님께서 허락하신 소중한 시간들을 주님을 위해서 사용하지 않고, 잘못된 신앙생활의 결과로 몇 년간을 교도소에서 허송세월을 한다면 그러한 삶을 하나님이 결코 기뻐하시지 않을 것입니다.

이 나라는 그 동안 수많은 외침 속에서도 순국선열들의 희생이 있었기에 오늘 이렇게 존재하고 있습니다. 만일 모든 국민이 박○○ 신병과 같이 집총을 거부하게 되면, 북한의 남침이 있을 때에 속수무책으로 공산화가 될 것은 자명한 사실입니다. 그 결과 하나님의 존재를 부정하는 공산주의 치하에서 자유롭게 신앙생활을 할 수 있을 것이라고 생각하십니까? 불가능합니다. 자유로운 신앙생활을 위한 국가의 안전을 위해서라도, 박○○ 신병은 군사훈련에 동참하여 한 알의 밀알이 되어야 합니다. 자신은 집총을 거부하면서, 다른 동료들의 희생으로 지켜지는 조국에서 살겠다는 것은 지극히 이기주의적인 생각입니다. 아무쪼록 박○○ 신병이 올바른 신앙을 가지고 군사훈련에 동참해서, 하나님을 기쁘시게 하며 국가에 충성할 수 있기를 바랍니다.

군생활의 위기와 상담 III리

세례를 꼭 받아야 하나요?

Q 저는 중대 소총병으로 근무하고 있는 김 이병입니다. 신병교육대에 서부터 처음으로 교회를 다니게 되었고, 예수님을 믿게 되었습니다. 신교대 교회에서 세례를 받으라고 권면을 받았지만, 군대에서 신앙생활을 처음 시작하다보니 아는 것도 별로 없고, 세례를 받을 만큼 성숙한 믿음이 되지 않다고 생각이 되어서, 세례를 받지 않았습니다. 자대에 와서도 군종병이 세례받을 것을 권면했지만, 저는 굳이 세례를 받지 않고 신앙생활을 하고 싶습니다. 또한 세례를 받으면, 솔직히 교회에 얽매인다는 생각 때문에 부담이 되기도 합니다. 목사님께서 세례에 대해서 좀더 자세히 설명해 주셨으면 합니다.

A 김 이병이 군입대와 더불어 교회를 다니고, 예수를 믿게 되었다니 먼저 축하를 드립니다. 군대생활을 시작하면서 무엇보다도 소중한 것을 얻었다는 생각이 듭니다. 그런데 김 이병은 세례받는 것에 대해서 매우 부담을 느끼고 있다는 생각이 듭니다. 그리고 세례를 받을 수 있는 자격에 대해서도 오해를 하고 있는 것 같습니다.

그러므로 먼저 세례가 무엇인지에 대해서 말씀을 드리고, 김 이병이 잘못 이해하고 있는 것들에 대해서 구체적으로 말씀을 드리고자 합니다.

세례 (洗禮) 란 물로 씻는다는 의미입니다. 이는 목사가 물을 손에 찍

어서 세례받을 사람의 머리에 안수하는 종교 의식을 가리키는 말입니다. 물로써 더러운 것을 씻어 내듯이, 예수를 믿음으로 우리가 지은 모든 죄를 깨끗하게 씻음받는다는 뜻입니다. 원래는 물 속에 자신의 몸 전체를 담그는 침례(侵禮) 의식으로 행해졌으나, 교단에 따라서 세례 형태로 의식을 간단하게 진행하기도 합니다. 김 이병의 질문과 관련해서 세례에 관한 더 구체적인 사항은 다음과 같습니다.

첫째, 세례를 받는 것은 교회 다니는 기간을 근거로 하지 않습니다.

민간교회에서는 보통 교회다닌 지 6개월 만에 학습을 주고, 학습받은 지 6개월이 지난 다음에 세례를 베풀기도 합니다. 이것은 세례를 받기 전에 기독교에 대한 기초적인 지식을 교육하기 위해서 교회별로 정해놓은 것이지, 꼭 그렇게 해야만 세례를 받을 자격이 된다고 성경에 기록된 것은 아닙니다. 비록 세례교육을 받았어도 마음속에 예수님을 믿지 않으면, 그 세례는 아무런 의미가 없습니다.

세례의 기준은 교회를 다닌 기간에 따라 정해지는 것이 아닙니다. 사도행전 8장 26-40절에 보면 에디오피아 내시에게 빌립이 복음을 전했을 때에, 에디오피아 내시는 그 자리에서 예수님을 영접했습니다. 즉석에서 빌립은 물이 있는 가까운 곳에 가서 물로 세례를 베풀었습니다. 그러므로 한 곳에서 오래 머무르지 않는 군대의 상황 때문에 예수님을 구주로 고백하는 장병들에게는 초대교회와 같이 수시로 세례를 베푸는 것입니다. 또한 스스로 생각하기에 세례를 받을 만큼 성숙한 신앙인이 된 다음에 받는 것도 아닙니다. 세례를 받을 수 있는 조건은 얼마만큼의 큰 믿음을 가지고 있느냐라고 하는 믿음의 분량이 아닙니다. 세례는 예수님을 나의 구세주로 믿는다고 하는 사실에 근거해서

받는 것입니다.

둘째, 세례는 자신의 내적 신앙을 외적으로 표현하는 것입니다.

저는 세례를 종종 결혼예식에 비유하곤 합니다. 서로 사랑하는 두 남녀가 있습니다. 남자가 여자를 사랑하고, 남자도 여자를 사랑한다고 합니다. 그래서 이 두 연인은 서로 부부가 되기로 약속을 했습니다. 그런데 만일 서로가 사랑한다고 하면서도 결혼예식을 치르지 않고 동거한다면, 이는 결코 바람직한 부부의 모습이 아닐 것입니다. 결혼예식을 올리지 않고 사는 이유에 대해서 궁금해 할 것입니다. 결과적으로 주변 사람들이 그 두 부부를 바라다보는 시선이 곱지 않을 것입니다. 뿐만 아니라, 동거생활을 하는 본인들 스스로도 언제라도 헤어질 수 있다는 개연성이 있기 때문에, 진정으로 행복한 부부생활을 하고 있다고 볼 수 없습니다. 사실 결혼예식이라는 것이 형식이기는 하지만, 그런 예식을 통해서 서로의 사랑을 일가 친지들 앞에서 고백할 뿐 아니라 하객들로부터도 축복을 받게 됩니다.

세례받는 것도 마찬가지입니다. 세례예식을 통해서 우리는 예수님과 영적인 혼인 잔치를 하는 것입니다. 성경은 성도를 신부로, 장차 재림하실 예수님을 신랑으로 비유하고 있습니다. 성도는 세례예식을 통해서 영적 신랑인 예수님께 자신의 신앙(사랑)을 하나님과 사람 앞에서 공식적으로 고백하는 것입니다. 그러므로 세례예식은 영적인 축제요, 더욱더 성숙한 신앙생활을 위한 새 출발이라고 할 수 있습니다.

셋째, 세례가 구원의 조건이 되지는 않습니다.

비록 세례를 받았다고 할지라도, 그래서 세례예식을 통해서 자신의 죄인됨과 예수님의 구세주되심을 시인했다고 할지라도, 끝까지 자신의

강하고 담대하라

신앙을 지키지 않으면 결국 구원받는 일과는 무관합니다. 중요한 것은 내가 믿는 예수님을 끝까지 포기하지 않는 신앙입니다. 그 반대로, 비록 세례를 받지는 않았어도 그가 진실로 예수님을 구세주로 고백하는 믿음이 있다면, 그는 구원을 받은 자입니다. 그러면 굳이 세례를 받아야 할 이유가 무엇일까요? 위에서도 말씀드렸듯이, 하나님께서는 자신의 내적인 신앙을 외적으로 나타내기를 원하고 계신다는 것입니다. 그리고 예수님을 믿는 사람은 세례를 받아야 한다고 성경이 말씀하고 있기 때문입니다(마태복음 28 : 19). 또한 세례를 받으므로 신앙적으로 얽매인다고 했는데, 사실은 그것이 본인을 위해서도 바람직한 일입니다. 우리는 종종 될 수 있으면 자유로워지고 싶어합니다. 그러나 우리는 때로 그 자유라는 것 때문에 우리의 삶에 균형이 깨지고, 잘못된 길로 나갈 가능성을 배제할 수 없습니다.

세례는 우리를 예수님과 연합하게 하는(로마서 6 : 3) 사랑의 끈이라고 할 수 있습니다. 그러니까 김 이병의 말대로 하면 예수님께 얽매이는 것입니다. 예수님께 얽매여 있는 것은 불편하거나 고통스러운 것이 아니고, 김 이병에게 가장 복된 일입니다. 예수님 때문에 잘못된 길로 가지 않고, 예수님 때문에 군생활이 안전합니다. 결국 예수님께 얽매여 있어야, 김 이병이 말했듯이, 점점 성숙한 신앙인이 될 수 있는 것입니다.

군생활의 위기와 상담 Ⅲ리

박기영●지은이

성결대 및 동 대학원과, 연세대 교육대학원(상담교육 전공) 및 연합신학대학원(목회상담 전공)을 졸업하고, 연세대 학생생활연구소 인턴과정을 수료한 뒤, 한국상담·심리치료학회 '상담심리전문가' 과정을 밟고 있으며, 미 2사단 카투사 부대와 제2보병사단 등에서 군종목사로 시무하다가, 지금은 육군종합행정학교 군종학처 상담학과장으로 일하고 있다. 지은 책으로는《열린 기도》등이 있다.

신현복●지은이

한신대 및 동 대학원(목회상담 전공)을 졸업한 뒤, 한국실천신학박사원과 한국목회상담학회 '목회상담사' 과정과 한국심리치료연구소 인턴과정을 밟고 있으며, 제25보병사단과 국군수송사령부 등에서 군종목사로 시무하다가, 지금은 육군종합행정학교 군종학처 상담학교관으로 일하고 있다. 지은 책으로는《건빵》《내 마음의 그림자》등이 있다.

장병기도서

강하고 담대하라

초판1쇄인쇄 2000년 2월 15일
초판1쇄발행 2000년 2월 20일

지은이 박기영 · 신현복
펴낸이 길청자
펴낸곳 도서출판 아침
등록 제7호 (1999.1.7)

기획 열린마당
제작 삼덕미디어

주문처(총판) 생명의 샘
　　　　서울 · 송파구삼전동65
　　　　전화 419-1451 팩스 419-1452

---

* 정가는 뒷표지에 표시되어 있습니다.
* 잘못 만들어진 책은 책방에서 바꾸어 드립니다.
* 지은이와 협약에 의하여 인지를 붙이지 않았습니다.

ⓒ 박기영 · 신현복, 2000

* 가까운 책방에 책이 없을 때에는 080-365-7878(수신자 부담전화)로 전화주시면 송료 본사 부담으로 책을 보내드립니다.

　　ISBN 89-88764-11-0 (세트)
　　　　　89-88764-12-9